GEORGES RENARD

PROFESSEUR AU COLLÈGE DE FRANCE

L'ORGANISATION POLITIQUE DE LA DÉMOCRATIE

PARIS. — ÉDITIONS RADOT

PRIX : 1 fr. 50

L'ORGANISATION POLITIQUE DE LA DEMOCRATIE

GEORGES RENARD

Professeur au Collège de France

L'ORGANISATION POLITIQUE DE LA DÉMOCRATIE

EDITIONS RADOT

PARIS (1928)

AVANT-PROPOS

Qui êtes-vous pour oser dresser un programme de réformes politiques ? Etes-vous chef de parti ?

— Je n'ai pas ce périlleux honneur.

Etes-vous du moins candidat au Sénat, à la Chambre, à un Conseil général ?

— Pas davantage. Je suis seulement un citoyen qui a vécu longtemps en France et à l'étranger, qui a beaucoup vu, beaucoup lu, beaucoup réfléchi et soumet en toute simplicité à ses concitoyens le résultat de ses réflexions. Heureux, s'ils peuvent y glaner quelques idées pratiques, qui acheminent notre régime républicain vers plus de justice et de solidité.

Cela dit, voici pourquoi j'ai jugé à propos de rassembler et de rééditer, en ce moment, ces pages qui ont paru par fragments en divers périodiques :

Nous vivons sous un régime nominalement démocratique. Doté du suffrage dit universel, bien qu'il soit inégal et incomplet, le peuple est censé faire les lois, se gouverner lui-même, être le maître de sa destinée. Pure apparence !

La démocratie est en France à l'état d'ébauche ; la République n'est guère qu'une forme vide où il s'agit de faire entrer des mœurs et des institutions vraiment républicaines.

Notre Constitution qui, par un étrange paradoxe, fut l'œuvre d'une assemblée où dominaient les adversaires de la République, est pleine de survivances monarchiques.

Notre administration garde l'empreinte de la main de fer napoléonienne.

Notre Code consacre les privilèges des puissances d'argent.

Chaque pas en avant est arrêté par des traditions despotiques, par des lois et décrets qui sont en opposition flagrante avec le principe même de la démocratie, lequel comporte une entière égalité de droits et de devoirs entre les membres du corps social.

Etonnez-vous si les rouages de la machine grincent fâcheusement et aboutissent maintes fois à l'immobilisme !

Il convient donc, d'abord, d'opérer des destructions nécessaires ; après quoi, il sera possible de développer, dans notre société chaotique et contradictoire, les germes d'avenir qui ont peine à se faire leur place au soleil parmi les débris du passé ; les destructions nécessaires ont pour pendant des créations nécessaires.

Sans doute, la politique a mauvais renom, et elle le mérite à plus d'un titre.

Elle a été trop souvent, et en particulier dans ce dernier demi-siècle, un conflit d'ambitions personnelles, un tissu d'intrigues et de roueries parlementaires, un composé incohérent d'expédients au jour le jour.

Elle a manqué de franchise, de hardiesse, d'une règle de conduite précise et suivie. Elle a cheminé tant bien que mal, au hasard des passions et des événements. Elle s'est enveloppée de mystère, de voiles qui tendaient à en réserver les arcanes à des professionnels patentés. Elle a fait, de ce qui doit être le domaine de tout le monde, une sorte de chasse réservée.

On comprend qu'elle ait provoqué les railleries des sceptiques, le découragement des bons citoyens, l'indifférence ou l'hostilité d'une grande partie de la nation.

Pourtant, il fut un temps où la France était passée maîtresse dans les spéculations politiques ; où Montesquieu, où Rousseau posaient des principes et lançaient des idées qui faisaient le tour de la terre ; où, suivant l'expression de Joseph de Maistre, les paroles de nos philosophes et de nos orateurs semblaient « une conjuration », possédaient comme une vertu magique, versaient aux oppresseurs la crainte et aux opprimés l'espérance.

Qu'est-il advenu, pendant notre troisième République, de cette puissance d'incantation ?

Hélas ! nos hommes d'Etat ont eu trop longtemps des âmes, des voix et des actes timides de vaincus.

C'est surtout chez les peuples voisins que le progrès social s'est accompli. C'est à l'étranger que nous devons chercher les leçons de l'expérience la plus récente. Chez nous, sans doute, quelques théoriciens obstinés ont écrit des livres intéressants sur l'organisation qui nous manque. Mais combien sont-ils, ceux qui lisent des livres de cette nature?

Heureusement la presse peut répandre ce qu'ils contiennent, apporter ainsi son contingent de vérités à tous ceux qui gardent leur foi dans la faculté qu'ont les hommes d'améliorer les conditions de leur existence.

Les syndicalistes sont de ceux-là. Seulement, ils ont de la politique une défiance excessive, bien que légitimée par ce qu'elle a été et ne doit plus être.

Dans un article excellent de La Clairière (15 **mars** 1919), *M. Charles Albert leur disait quel intérêt primordial ils ont à ne pas laisser se former ou se transformer sans leur participation le statut juridique de la société.*

Et, de fait, la démocratie est le moule indispensable où peut prendre corps un état **social plus juste** *pour les travailleurs. Se désintéresser de sa métamorphose, c'est comme si l'on voulait ordonner l'arrangement intérieur et l'ameublement d'une maison sans se préoccuper du plan sur lequel elle est* **bâtie,** *sans savoir s'il y a un escalier, un ascenseur, des dégagements, une répartition raisonnable des couloirs et des chambres.*

Combien de fois des essais d'émancipation n'ont-ils pas été entravés par quelque loi arriérée ! Combien de fois les organisations ouvrières n'ont-elles pas vu la liberté de leurs mouvements enchaînée par des règlements surannés !

Si l'on veut remplacer peu à peu le gouvernement des hommes par l'administration des choses, si l'on veut que les rapports des individus et des associations avec l'ensemble du mécanisme social soient réglés de façon équitable, il faut de toute nécessité que **le** *système politique tout entier soit modifié, rajeuni, renouvelé.*

Ces temps derniers, la Commission chargée de dresser la charte du travail qui doit figurer dans le traité de paix avait proposé la création d'un organisme permanent qui comprendrait pour chaque Etat deux ouvriers, deux patrons, deux membres nommés par les gouvernements respectifs. Est-il indifférent aux syndicats d'avoir pour ou contre eux ces délégués gouvernementaux qui joueraient là le rôle d'arbitres ?

Donc, il est utile, pour ne rien dire de plus, de reprendre en sous-œuvre les fondations de notre édifice politique, de remanier les organes par lesquels

*s'exprime la volonté populaire, de déterminer le do-
sage d'autorité et de liberté qui peut concilier les
droits de la collectivité et ceux de l'individu.*

*Fixer le but vers lequel il convient de s'orienter,
dresser dans toute sa hauteur l'idéal qui doit servir
de guide comme la lumière lointaine d'un phare,
indiquer les voies qui peuvent en rapprocher et les
étapes par où il faut passer est l'œuvre à laquelle je
voudrais apporter ici ma modeste contribution.*

*C'est à une revision d'idées que je convie les lec-
teurs ; j'entends leur fournir, non des dogmes infaillibles, mais des opinions à méditer et à discuter.*

CHAPITRE PREMIER

Une Constituante

*Il n'y a qu'un pouvoir suprême, qui est le
pouvoir législatif, auquel tous les autres doivent être subordonnés.*
       Locke, *Du Gouvernement civil,* ch. XII.

Par quoi commencer pour réformer l'organisation
politique de la France, pour faire cesser ce paradoxe : une république régie par une Constitution
qu'ont faite des monarchistes ? Par quel moyen
mettre d'accord nos institutions avec le principe
démocratique qui est à la base de notre vie sociale :
égalité de droits et de devoirs pour tous ?

Il est trop évident que le pacte bâclé en l'année
1875 est devenu insuffisant ; que cette Constitution
craque de toutes parts ; qu'elle ne répond plus aux
besoins d'un pays où, sans parler d'autres changements, la montée des classes inférieures et des masses
féminines, la métamorphose de la situation intérieure et extérieure ont rendu précaire et fragile un
ensemble de lois fait pour une société dont la façade
seule est restée intacte.

Oh ! je ne l'ignore pas, des sceptiques. comme il

y en a toujours et partout, crieront : — A quoi bon une Constitution nouvelle ? Celles que s'est données la France en 1791, en 1793, en 1848 ont été des déjeuners de soleil. — C'est vrai. Mais celle des Etats-Unis dure depuis 1787 ; et si les nôtres ont été trop souvent éphémères, la faute n'en serait-elle point, par hasard, à la manière dont elles ont été fabriquées ?

Parce qu'une maison mal bâtie, formée de matériaux médiocres, s'est écroulée, faut-il conclure qu'une maison solide est inutile et qu'elle est avantageusement remplacée par une baraque en bois ?

A supposer même qu'une révolution vienne à renverser le régime où nous vivons, est-ce que le lendemain il ne serait pas nécessaire de tracer les grandes lignes d'un régime régulier ? Une société quelconque peut-elle se passer d'une convention qui détermine les rapports de ses membres entre eux et avec ceux qui n'en font point partie ?

Donc, il y a lieu de refaire une Constitution appropriée à un état matériel et mental que le cours des événements a si profondément transformé.

Il ne s'agit plus d'une de ces parodies de revision où les deux Chambres, réunies pour quelques heures à Versailles, opéraient dans les rouages de la machine encrassée un rafistolage de détail qui était d'avance réglé et strictement limité.

Le Congrès, quand il se réunira, n'aura qu'une chose à décréter : la convocation d'une Constituante.

Mais c'est ici qu'il convient de ne pas agir à la légère, de se demander à quelles conditions une Constituante peut être efficace.

D'abord, il est bon de dire ce qu'elle ne doit pas être.

Il importe qu'elle ne soit pas une assemblée « à tout faire », détournée de sa haute besogne par des préoccupations quotidiennes, par des crises ministérielles, par la pression du dehors, par la nécessité d'élaborer des lois de circonstance ou de régler des broutilles administratives.

Il importe que les hommes (ou les femmes) qui auront l'honneur d'y siéger ne soient pas hantés et troublés par des ambitions personnelles, par la chasse aux portefeuilles, par le désir de s'assurer une réélection.

Il importe encore qu'ils ne soient pas aveuglés par l'esprit de secte ou de parti, par la haine ou l'amour du passé, par la crainte de l'avenir, par l'envie de construire un engin de guerre contre telle ou telle classe de citoyens.

Que doit donc être cette réunion de législateurs ? Une assemblée n'ayant pas d'autre fonction que la tâche si délicate et si complexe qui lui est dévolue, délibérant avec un sang-froid, un calme, une sérénité qui écartent autant que possible les visions troubles de la passion et laissent à l'expérience et à la raison tout l'ascendant dont elles sont susceptibles ; décidée à travailler pour tous les membres de la société vivants et à naître ; s'efforçant de se rendre utile en élevant un édifice qui, sans être parfait ni viser à l'éternité, soit capable de subsister un siècle et plus en se prêtant aux corrections et réparations éventuelles.

Mais que deviendront, pendant ce temps-là, les affaires courantes ?

Rien n'empêche qu'elles soient traitées et résolues par les assemblées ordinaires qui ont de quoi suffisamment s'occuper, témoin les nombreux projets de loi qui dorment dans leurs cartons et les fréquents retards que subit le vote du budget.

Et si quelque partisan de la Ligue des économies s'émeut de voir une troisième assemblée fonctionner à côté et indépendamment des deux autres, il est aisé de lui répondre que la dépense serait bien mi nime, comparée à ce que coûtait un mois ou même une semaine de guerre, et qu'elle serait amplement compensée par les garanties de compétence et de prudente hardiesse que la France trouverait dans une assemblée de ce genre.

Est-ce à dire que ces législateurs devraient être des dieux, des surhommes, des êtres d'exception ? Hélas ! Il est toujours dangereux de subordonner la réalisation d'une idée au concours de génies ou de vertus dépassant la commune mesure. Mais, du moins, est-il permis de se représenter une Constituante idéale pour savoir comment on peut s'en rapprocher. Or, voici quelques conséquences qui découlent de la conception que je viens d'exposer :

Un petit nombre de constituants. Ceux qui ont rédigé la Constitution américaine n'étaient que cinquante-cinq. Une centaine de membres (moins encore, si l'on veut) suffiraient amplement pour la France.

Pour eux, un mandat spécial, limité à un an, peut-être même à six mois, avec interdiction de faire autre chose et surtout de devenir ministres.

Quant au mode d'élection, — après une période électorale où, pendant deux mois, chaque parti, chaque région auront pu librement développer leurs opinions, exprimer leurs vœux, dresser leurs cahiers politiques et économiques, — vote, au scrutin de liste, dans vingt circonscriptions dont chacune comprendra, à peu de chose près, le même nombre d'électeurs et d'électrices et nommera cinq représentants.

Le scrutin de liste me paraît être de mise en cette occurrence, parce que dans l'assemblée qui doit donner une Constitution à la France il n'est pas utile que les minorités aient une large place.

Il n'est plus question d'y faire œuvre de transaction, de compromis, d'aboutir à une cote mal taillée entre tendances contraires ; le problème consiste à constater et à suivre la direction dans laquelle la France entend marcher, à obtenir une majorité ferme et franche sachant où elle veut aller. Or, le scrutin de liste, de l'aveu unanime, est le plus propre à dégager les grands courants d'opinion qui emportent une nation.

Dans l'assemblée ainsi formée, point de discours à effet. On pourrait lui conseiller cette devise empruntée à Verlaine : « Prends l'éloquence et tords-lui le cou. »

Elle a, non pas à écouter de belles phrases, à applaudir de brillants discours, à se laisser griser par des triomphes de tribune, mais à se tenir aussi près que possible de la justice et du bon sens.

Les débats, comme ceux d'une commission parlementaire, doivent être précis et peu bruyants ; sans être secrets, ils n'ont besoin d'être connus que par leurs résultats et par un résumé mettant à nu les arguments invoqués.

Il va de soi, d'ailleurs, que la Constitution votée par l'assemblée sera soumise au peuple qui l'acceptera ou la rejettera par oui et par non, comme cela se pratique dans la Confédération suisse, et qu'elle devra contenir une procédure nette et simple permettant, une fois qu'elle aura acquis force de loi fondamentale, de la reviser et de l'amender, soit au bout de dix ou quinze ans, soit sur la demande d'un certain nombre de citoyens.

Mon souhait serait que nos hommes d'Etat, si nous en avons encore qui regardent au delà du moment présent, voulussent bien examiner, étudier, corriger, perfectionner les idées que je leur propose et leur soumets sur les moyens de donner une Constitution viable à la démocratie française.

CHAPITRE II

Le moment est venu de rechercher ce qu'il convient de mettre dans la Constitution dont nous souhaitons que la France soit dotée. Quelle méthode suivre pour opérer cette recherche ?

Sur chaque point il faut savoir où l'on veut aller, ce qui ne veut pas dire qu'on prétende y arriver sans délai. Il faut, autrement dit, à propos de chaque question, se fixer un idéal, le dresser comme un phare qui servira de guide, sans espérer qu'on puisse atteindre d'un coup le port dont il montre le chemin, mais avec la volonté ferme de s'en rapprocher incessamment par étapes et de ne pas s'arrêter à mi-route entre hier et demain.

Cela bien entendu, le premier problème qui se pose, quand on veut forger une Constitution démocratique, consiste à déterminer avec exactitude la volonté du peuple, puisque la loi ne doit pas être autre chose que l'expression de la volonté générale.

L'idéal en pareille matière est incontestablement que tous les adultes, membres du corps social, les femmes aussi bien que les hommes (1), sans distinction de fortune, de race ou de confession, soient consultés sur tout ce qui est l'intérêt commun et disent, à la majorité des voix : « Nous voulons que telle

____

(1) Il va sans dire que nous reconnaissons aux femmes les mêmes droits civils et politiques qu'aux hommes.

chose soit réglée de telle façon. » Et, dans ce cas, il n'y a plus qu'à trouver les meilleurs procédés pour constater loyalement ce que veut la majorité. C'est ce qu'on appelle *la législation directe* (1).

Ce système, où tout citoyen et toute citoyenne votent sur tout ce qui compose les affaires publiques, n'a jamais été appliqué nulle part dans son intégrité.

Certaines démocraties antiques, certaines républiques du moyen âge, enfermées dans l'enceinte d'une ville, l'ont à peu près réalisé, avec cette exception que les femmes et certaines classes de la population n'avaient point part au vote.

Ainsi dans Athènes comme dans Rome, les esclaves travaillaient, pendant que les maîtres délibéraient. Dans ces cités-Etats, il était aisé de réunir, à la voix d'un crieur ou au son d'une cloche, les votants concentrés sur un étroit espace ; la place du marché suffisait pour leur réunion.

Dans quelques cantons suisses, peu peuplés et peu étendus, se réunit encore, à des époques déterminées, l'ensemble des citoyens, et l'assemblée souveraine règle en quelques heures toutes les questions qui intéressent la communauté.

La législation directe a été préconisée par quelques réformateurs modernes : Considérant, Rittinghausen l'ont défendue lors de la Révolution de 1848. La Fédération socialiste de la Seine l'a inscrite sur son programme et j'ai sous les yeux une brochure de Jean Hermitte, datée de 1919, et intitulée : *Régime syndical ou Démocratie directe* (2).

---

(1) Il ne faut pas donner à ce système le nom de *gouvernement direct*, comme l'ont fait certains écrivains. C'est une source d'erreur et de confusion. Le gouvernement a charge d'exécuter la loi, et il s'agit d'abord de la faire.

(2) Le même auteur a publié en 1922 un volume intitulé : *Le régime direct*, dont j'ai écrit la préface.

Elle est théoriquement la meilleure solution du problème ; mais que vaut-elle en pratique ? Allons-nous la déclarer impossible, crier à l'utopie ? Non certes. L'on peut concevoir une nation répartie en petits groupes, dont chacun, après discussion, voterait sur des sujets précis qui seraient soumis à tous en même temps et dans les mêmes termes.

Il suffirait ensuite d'additionner les voix des différents groupes et on aurait sur chaque sujet une décision vraiment nationale.

Seulement cela suppose chez les peuples une éducation civique, qui n'est point irréalisable, mais qui leur manque encore. Cela suppose aussi la consultation réduite à un petit nombre de cas ; car les citoyens et citoyennes n'auraient pas assez de loisirs pour suffire à leur tâche, s'ils devaient légiférer comme les Parlements d'aujourd'hui, sur une multitude de choses diverses et compliquées.

Les plus grosses difficultés seraient sans doute d'abord de présenter au vote des textes très simples et très clairs, ce à quoi l'on pourrait parvenir en chargeant un corps impartial et compétent de les préparer ; ensuite, d'éviter le pullulement des amendements et même de les réduire au minimum, en donnant le choix aux votants entre oui, non, et le texte amendé.

Je crois volontiers à l'avenir de ce système, bien qu'il choque nos habitudes et ne risque guère d'avoir l'agrément des politiciens de carrière. C'est, je le répète, l'idéal qu'il faut avoir devant les yeux pour marcher sans cesse dans sa direction.

Mais nous en sommes fort éloignés, et, après avoir marqué le point d'arrivée, il convient de nous retourner vers le point de départ. Or, le point d'où il nous faut partir, c'est *le système représentatif ou parlementaire*, qui est en vigueur chez nous comme dans tous les grands Etats contemporains.

Il fut imaginé, parce que, vu l'étendue de ces Etats, la difficulté des communications, la complexité des questions à débattre, vu aussi la défiance que les gens des classes supérieures nourrissent contre la compétence et surtout contre les tendances des citoyens moins instruits et moins aisés, on trouva plus commode de ne pas convoquer tous les membres adultes du corps social, mais de les inviter à désigner des hommes capables de légiférer à leur place.

Les citoyens déléguèrent donc pour un temps leur souveraineté à des représentants ; et, devenus électeurs, ils donnèrent à leurs élus une espèce de procuration qui leur permît de parler et d'ordonner en leur nom.

Ce système fut donc une nécessité imposée par les circonstances, un pis-aller dont on s'efforça de tirer le meilleur parti possible, mais qui présente de graves inconvénients.

C'est, en premier lieu, la difficulté de trouver un mode électoral parfait qui fasse de l'ensemble des élus le reflet exact des opinions très nuancées qu'ils sont censés représenter. Les débats confus et interminables où l'on heurte l'un contre l'autre les différents modes de scrutin prouvent surabondamment combien le problème est ardu.

C'est ensuite la difficulté de connaître les hommes qu'il s'agit de choisir. Qui donc peut se vanter de savoir sonder à fond les esprits et les cœurs ? Les replis d'une âme humaine sont plus enveloppés d'obscurité que les questions mêmes sur lesquelles ces délégués auront à se prononcer.

L'électeur est-il de taille à apprécier sûrement la valeur et le caractère du candidat ? Peut-il jamais être certain que son élu est tout à fait sincère et ne sacrifie pas quelque peu de ses convictions intimes au désir d'être nommé, ou bien que ce remplaçant a, je ne dis pas même sur tous les points, mais sur les principes essentiels, des opinions identiques aux opinions de celui qu'il va remplacer ?

Puis si, au moment même des élections, sincérité et conformité absolues n'existent guère, c'est bien autre chose pendant la durée d'un mandat qui est valable pour plusieurs années. L'écart, qui existe dès l'origine entre l'électeur et l'élu, va trop souvent croissant.

Pourquoi ? — Parce que l'électeur, étant homme, est un être ondoyant et divers, qui n'échappe pas à la loi du changement.

Parce que l'élu, de son côté, investi d'un pouvoir qui fait de lui un privilégié, un diminutif de souverain, fait des expériences et conçoit des ambitions personnelles qui modifient forcément ses façons de voir et d'agir. Le mandataire néglige alors volontiers ceux dont il tient son mandat et il en arrive assez vite à ne représenter que lui-même.

Que j'en ai vu de députés et de sénateurs oublier ainsi leurs promesses de candidats, violer le programme qu'ils avaient signé, et même, au fort de la bataille, comme les Saxons à Leipzig, abandonner leurs alliés de la veille et passer dans le camp opposé à celui où ils avaient commencé par combattre ! Elle serait longue la liste de ces girouettes politiques, des hommes d'État en qui la Monarchie, l'Empire, la République ont eu tour à tour des serviteurs également dévoués. Or, quel spectacle démoralisant que celui de ces volte-face qui sont des abus de confiance et de véritables trahisons !

C'est cela qu'il s'agit de corriger et d'empêcher, et nous aurons à en chercher les moyens, en gardant nos regards fixés sur ce principe : *Il faut voter de moins en moins sur les individus et de plus en plus sur les choses.*

CHAPITRE III

Représentation proportionnelle, Referendum, Droit d'Initiative

J'ai dit brièvement les vices inhérents au système parlementaire et la direction où il faut s'orienter pour que la loi soit l'expression vraie de la volonté générale. Mais on a imaginé des correctifs qui peuvent atténuer ces tares et être considérés comme des étapes vers le système plus simple et plus juste de la législation directe.

Il en est trois principaux que nous allons passer en revue. Ce sont la *représentation proportionnelle*, le *referendum* et le *droit d'initiative*.

La *représentation proportionnelle* consiste essentiellement en ceci que, dans une région donnée, les électeurs auront à choisir entre plusieurs listes de candidats représentant chacune un programme défini ; que l'on pourra savoir ainsi combien d'adhérents chaque programme réunit dans la région ; et qu'ensuite les sièges de députés à pourvoir seront répartis entre les différentes listes proportionnellement au nombre des voix obtenues par chaque liste et, du même coup, par chaque programme.

Dans les discussions auxquelles elle a donné lieu, ses adversaires, qui ont tout fait pour obscurcir une question très claire. ont prétendu lui opposer un scrutin dit majoritaire, comme si la proportionnelle n'avait pas pour but et pour effet d'assurer à chaque opinion sa représentation exacte et, par conséquent, de dégager la majorité réelle, sans étouffer, il est vrai, les minorités.

Or, outre ce mérite d'être une constatation loyale et précise des diverses opinions entre lesquelles se partage le pays, de fournir une image, sinon parfaite, du moins aussi fidèle que possible, de ce que veulent les différents groupes qui s'expriment par le suffrage universel, elle a pour une démocratie une double vertu éducatrice.

D'abord elle oblige les partis à s'organiser et à dresser des programmes nets ; par cela même elle clarifie la politique ; elle fait passer les idées au premier plan parmi les motifs qui déterminent les électeurs ; elle aide la nation à « se guérir des individus » qui sont trop souvent, par leur ambition, des dangers publics ; elle se rapproche de l'idéal qui serait, comme nous l'avons dit, de voter sur les choses mêmes et non sur des personnes interposées.

Elle est un excellent *apprentissage civique*, en habituant les électeurs à savoir et à dire ce qu'ils veulent, en développant ainsi leur intelligence des affaires publiques.

Elle est, en outre, une école de *propreté morale ;* elle purifie la politique, parce qu'en substituant la lutte des idées à celle des personnes, elle réduit le vilain rôle que jouent dans les élections l'injure, la calomnie, les polémiques au vitriol et la pièce de cent sous ; parce qu'elle supprime ces coalitions déroutantes, ces marchandages et compromissions, où l'on voit sur une même liste des candidats ayant sur les sujets essentiels des convictions opposées ou une absence à peu près totale de convictions.

La représentation proportionnelle, intégrale et régionale, qui a cause gagnée dans une quantité d'Etats étrangers, qui est appliquée dans les Congrès socialistes et syndicalistes, n'a obtenu dans notre France routinière, qu'une caricature de réalisation. Il est possible qu'elle soit remplacée par un retour au scrutin d'arrondissement, par ce qu'un ministre a qualifié jadis de système des mares stagnantes ; mais, loyalement mise en œuvre, elle peut espérer un succès définitif plus ou moins prochain.

*
* *

Supposons la loi faite par des mandataires qui soient vraiment les interprètes et les porte-parole de groupements constitués. Cela ne suffit pas. Elle n'a encore qu'une valeur provisoire, et c'est ici qu'intervient le *referendum*.

Il consiste, pour cette loi qu'ont votée les délégués du peuple, à en référer à l'ensemble des citoyens, qui en prononcent de façon définitive l'adoption ou le rejet.

Notez que le procédé est applicable aux choses de l'Etat, du département, de la commune, et même de toute association où l'assemblée générale ne peut réunir les membres de la société éparpillés sur un trop vaste espace.

Faut-il répéter après J.-J. Rousseau : « Toute loi que le peuple n'a pas ratifiée est nulle ; ce n'est pas une loi (1) »? Je crois préférable cette formule : « Nul n'est soumis à la loi qu'il n'a pas faite ou consentie ».

Seulement le consentement peut être exprès ou tacite.

Quand il s'agit d'une de ces lois organiques et fondamentales qui intéressent la vie d'une nation, le consentement doit être formellement exprimé.

C'est pourquoi, pendant la Révolution française à laquelle il faut toujours remonter quand on cherche

______

(1) *Contrat social*, livre III, ch. xv.

à établir les bases d'un régime démocratique, la Constitution élaborée par la Convention fut soumise à la ratification populaire.

C'est pourquoi dans la petite Suisse, grand champ d'expériences politiques, la Constitution fédérale n'est valable qu'une fois acceptée par la majorité des citoyens et des cantons.

Dans ces cas-là le referendum est *obligatoire*.

Mais, comme on risquerait de lasser les votants et de les dégoûter de l'activité civique, si l'on multipliait à l'excès les scrutins de ce genre, on s'est tiré d'embarras en décidant que, pour les lois ordinaires, moins importantes, le referendum serait *facultatif*.

Si le peuple ne dit rien, son assentiment est présumé acquis. Mais si, dans un délai fixé, un nombre déterminé de citoyens réclame l'appel au peuple, cet appel est de droit.

Dans la Confédération suisse, il suffit, pour que la consultation du corps électoral soit mise en branle, qu'elle soit demandée, en matière fédérale, par 30.000 citoyens ; en matière cantonale, par 8 ou 20 % des électeurs, selon les cantons ; en matière communale, par un chiffre qui oscille entre 1/3 et 1/5 des intéressés (1).

Ce procédé n'a pas l'heur de plaire à ceux qui ont en mains le pouvoir. Les classes dirigeantes et les gouvernants, qui sont le plus souvent leurs serviteurs-maîtres, n'aiment pas ce recours aux classes dirigées. Leur pensée de derrière la tête est toujours que la masse des citoyens est une foule ignorante qui a besoin d'être guidée par une élite, dont ils font naturellement partie.

Les objections n'ont donc pas manqué ; mais il n'en est guère qu'une seule qui mérite d'être retenue.

____

(1) Pour plus de détails, je renvoie au long article que j'ai publié sur ce sujet dans la *Revue politique et parlementaire* (10 août 1902).

C'est que le referendum, sorte de *veto suspensif*, qui soumet à un stage les lois votées par le Parlement, présente surtout un caractère négatif.

On l'a nommé quelquefois « le sabot de la démocratie ».

Il agit, en effet, comme un frein. S'il empêche des empiétements et des fantaisies parlementaires, il peut aussi arrêter des innovations utiles, et cela sans permettre d'en provoquer. C'est la raison pour laquelle on l'a doublé d'un complément indispensable qui est le *droit d'initiative*.

Que le peuple ait le droit de proposer et la possibilité de faire aboutir la réforme ou la confection d'une loi, c'est la conséquence logique du principe démocratique qui proclame la souveraineté du peuple en la faisant reposer sur la souveraineté de chaque individu.

Aussi les Constitutions faites sous notre grande Révolution par les Girondins et plus tard par les Jacobins n'ont-elles pas manqué d'accorder aux simples citoyens l'initiative des lois. En Suisse, où elle n'a jamais cessé de leur appartenir dans les petits cantons, elle leur est reconnue dans les autres depuis 1845-1848.

Seulement l'exercice de ce droit doit toujours être organisé. Voyez-vous quelle orgie de scrutins, si le corps électoral devait se prononcer sur toute motion émanant d'un individu?

Il faut donc, pour qu'une proposition soit soumise au vote populaire, la réunion d'un certain nombre de signatures. En Suisse, si 50.000 électeurs réclament la revision de la Constitution fédérale, il doit y être procédé. Mais faudra-t-il chaque fois refondre en totalité le bloc du pacte fondamental?

Ce serait une instabiilté périlleuse et la répétition fatigante d'un gros et dispendieux effort.

On a décidé, en 1891, que la revision peut être partielle, c'est-à-dire que les 50.000 électeurs peuvent proposer, pour corriger ou compléter ce qui leur paraît défectueux, un texte qui doit être soumis *tel quel* au vote du corps électoral et qui entre dans la Constitution, s'il est admis par la majorité.

De la sorte, le peuple peut s'ériger en autorité non seulement constituante et législative, mais même administrative et judiciaire. Il peut modifier son Code civil et son Code pénal ; il peut, selon les expressions d'un écrivain suisse, « naturaliser des étrangers, amnistier des condamnés, contracter des emprunts, convertir la dette, accorder des subventions, conclure des traités, les dénoncer, déclarer la guerre, faire la paix, instituer un tarif douanier, supprimer des impôts, prononcer un jugement, casser une sentence, etc. »

Il a une arme qui lui permet, s'il le veut, d'opérer, pacifiquement et légalement, une révolution politique et même sociale.

Je n'insiste pas sur les limitations, précautions, exceptions que l'expérience a enseignées pour l'usage de ce droit, dont la reconnaissance est un pas énorme vers la législation directe. Je tiens seulement à faire observer combien l'appel au peuple, sous la forme du referendum et du droit d'initiative, diffère du plébiscite, tel qu'il fut pratiqué en France par le premier et le second Empire. Le plébiscite impérial ne fut qu'une parodie. En effet, on faisait voter le peuple sur son abdication en faveur d'un homme, sur un coup d'Etat accompli par la force, sur un texte rédigé par des usurpateurs, appuyé par des baïonnettes et provoquant une réponse équivoque à des questions savamment embrouillées par ceux qui les posaient.

Mais parce que l'appel au peuple a été frelaté, faussé, dénaturé comme le fut le suffrage universel, ce n'est pas une raison pour qu'il soit condamné et repoussé, s'il doit être l'objet d'un essai loyal ; et les trois institutions, dont je viens d'esquisser la nature et l'utilité, ont leur place marquée dans une Constitution démocratique.

CHAPITRE IV

La Question des deux Chambres
et la Représentation des Intérêts professionnels

Etant admis que le peuple ne sait pas encore faire ses affaires lui-même et qu'il continue provisoirement à légiférer par l'intermédiaire de représentants, convient-il qu'il y ait une ou deux Chambres?

Dans une Constitution fédérative démocratique, comme le sont celle de la Suisse et celle des Etats-Unis d'Amérique, comme devrait l'être celle de la Société des Nations, deux Chambres, élues toutes deux au suffrage universel, mais reposant sur deux bases différentes, ont leur raison d'être et leur nécessité.

La première représente la souveraineté des Etats, petits ou grands, qui sont unis par le pacte fédéral, qui comptent dans la Confédération comme autant de personnes et qui, par conséquent, ont droit au même nombre de voix et de délégués dans l'Assemblée des Etats.

La seconde, conformément au principe démocratique d'après lequel tous les adultes sont des citoyens égaux en droit, se compose de députés dont le nombre est proportionnel à celui des électeurs. C'est l'Assemblée populaire.

Les lois, pour être valables, doivent être votées par l'une et l'autre Assemblées.

Mais dans une République unitaire, comme l'est la nôtre, il est permis d'hésiter. On peut se rappeler que, sous notre première Révolution, la Constituante et la Convention, qui firent pourtant de grandes choses, fonctionnèrent sous le régime de l'Assemblée unique.

On peut faire valoir que ce régime implique une économie de paroles et de temps et que le danger d'avoir des lois imprudemment bâclées dans un moment d'entraînement est singulièrement réduit, s'il existe pour toutes les lois votées l'obligation ou la faculté d'en appeler au peuple.

*
* *

Cependant, je crois préférable qu'il y ait deux Chambres.

Non pas, comme en Angleterre, une Chambre des communes, élue démocratiquement, et une Chambre des lords, d'origine et de traditions aristocratiques. Ce système, dont les jours sont comptés, est la survivance d'un passé où la noblesse était une classe, ou, pis encore, une caste sociale privilégiée.

Non pas, comme dans notre Constitution bâtarde, une Chambre des députés élue directement au suffrage universel, et un Sénat émanant d'un suffrage restreint et à deux degrés.

En France, les deux Chambres qui existent côte à côte font le plus souvent double emploi ; elles ralentissent et compliquent le travail de législation, et elles ont des compétences si mal définies, qu'à chaque instant un grave conflit éclate ou menace d'éclater entre elles. Il faut alors les accommoder par des cotes mal taillées, par des transactions pénibles, par des compromis qui sont dangereux en ce sens qu'ils se traduisent le plus souvent en lois boiteuses et peu viables.

Ce qu'il y a de plus fâcheux, c'est que le conflit est, si j'ose dire, sciemment organisé entre ces deux moitiés du corps législatif.

Tout a été calculé pour qu'il y eût entre elles une différence d'esprit, qui entraîne une différence de votes, d'autant plus regrettable que les deux Assemblées ont à voter sur les mêmes choses.

L'âge des sénateurs met vingt ans de distance entre leurs opinions et celles des députés.

La durée de leur mandat (9 ans) les rend moins sensibles aux changements d'idées qui se produisent dans la nation et elle augmente cet écart.

Surtout le mode adopté pour les élections sénatoriales (mode de scrutin qui sacrifie les villes aux campagnes, qui dans la province érige au rang de grands électeurs les membres du conseil général et les maires de village, qui assure ainsi la prépondérance aux gros du département), semble destiné et, en tout cas, aboutit à mettre des bâtons dans les roues de l'évolution qui est la condition de la vie, à enrayer les innovations voulues par le suffrage universel, à maintenir le *statu quo* contre la volonté générale.

Bref, le Sénat de notre troisième République mérite, surtout en matière sociale, le nom que porta l'un de ceux qui l'ont précédé : *Sénat conservateur*.

Il est la citadelle politique de la classe dirigeante.

*
* *

Je crois utile de répéter que je me borne à proposer ici des réformes sur lesquelles j'appelle la discussion. J'examine donc des possibilités diverses entre lesquelles on peut choisir.

Si l'on tient à garder deux Chambres, il convient

qu'elles aient chacune une compétence différente et nettement définie, et qu'elles représentent deux principes d'organisation, qui me semblent aussi nécessaires et aussi naturels l'un que l'autre.

Je m'explique.

Indépendamment de la solidarité générale qui les unit tous, les membres d'une nation sont reliés les uns aux autres par des intérêts et des affinités d'espèces très variées.

Ils peuvent s'associer en vue des buts les plus divers, pour étudier, prier, voyager, chanter, jouer, se divertir ensemble.

Les groupes formés de la sorte peuvent être en nombre indéfini ; ils sont d'ailleurs ou devraient être purement facultatifs et libres, sans avoir rien d'officiel ; ils ont le droit de se former, de se dissoudre, de se reformer au gré des individus qui les composent. Mais il en est deux, au contraire, qui me paraissent indispensables à l'existence de la société en même temps qu'obligatoires pour tous ses membres.

L'un repose sur ce fait que les individus qui habitent un même territoire (village, ville, département, région), s'ils ont dés intérêts communs à l'ensemble du pays occupé par la nation, en ont aussi qui ne dépassent pas les limites restreintes du village, de la ville, du département, de la région.

L'autre repose sur ce fait que les individus qui exercent une même profession, s'ils ont des intérêts communs à tous les citoyens considérés comme producteurs et consommateurs, en ont aussi de plus particuliers qui concernent seulement leur corps de métier.

De là, deux sortes de groupements ayant un caractère spécial ; de là, semble-t-il, deux bases distinctes pour une organisation politique rationnelle : l'une *territoriale*, l'autre *professionnelle*.

Donc, d'un côté, une Chambre élue dans des circonscriptions déterminées par les divisions entre lesquelles est réparti le territoire national ; elle aurait la compétence politique ; elle veillerait aux intérêts moraux de la nation.

D'autre part, une Chambre élue par les grandes corporations organisées (cinq ou six) et constituées en collèges électoraux ; elle aurait la compétence économique ; elle veillerait aux intérêts matériels de la nation.

De la première relèveraient l'éducation avec les beaux-arts et les fêtes publiques, la justice, la sécurité intérieure et extérieure, les relations avec les nations étrangères. A la seconde ressortiraient le travail, l'industie, le commerce, l'agriculture.

Il y aurait à régler entre elles la question de frontière qui est toujours litigieuse. Elles pourraient d'ailleurs se réunir pour délibérer en commun sur tout ce qui peut présenter un caractère mixte, le budget par exemple et les questions financières.

*
* *

Si l'on craint entre ces deux Assemblées d'importance égale, mais de besogne différente, des rivalités et des compétitions ; si l'on préfère que le pouvoir législatif se concentre en une Asesmblée unique à base territoriale, il faudrait du moins que les grandes corporations, où seraient englobés tous les membres adultes de la nation, fussent consultées obligatoirement sur tous les sujets touchant à l'organisation économique ; qu'elles fussent associées à la préparation des lois qui la concernent.

Il faudrait que tous les intéressés, hommes et femmes, employés et employeurs, travailleurs manuels et travailleurs intellectuels, commerçants et industriels, agriculteurs et fonctionnaires, de tout rang, eussent leur mot à dire, par l'intermédiaire de délégués élus, sur les modalités des règlements qu'ils auront à observer et sur les améliorations désirées par eux.

Le vrai syndicalisme ne doit pas aboutir à une dictature de tel ou tel groupemnet, mais à une entente harmonieuse entre tous les métiers ; à une vaste coopérative où s'établiront entre producteurs et consommateurs un équilibre et une étroite solidarité d'intérêts.

Mais qu'il y ait une ou deux Chambres, que les représentants des associations professionnelles aient voix délibérative ou simplement consultative, la souveraineté des législateurs est-elle illimitée ?

N'y a-t-il point des domaines qui lui échappent, qui demeurent en uehors et au-dessus d'elle ? C'est ce que nous discuterons dans le prochain chapitre.

CHAPITRE V

J.-J. Rousseau, dans son *Contrat social* (Livre II, chap. IV), veut l'aliénation totale de l'individu à la Société dont il est membre et qui lui rend ensuite certains des droits dont il s'est dépouillé en sa faveur. On lui a maintes fois reproché ce sacrifice absolu, si provisoire et si fictif qu'il soit, du citoyen à l'Etat, de la partie au tout, et l'on a eu raison.

Or nos constitutions successives semblent s'être inspirées de ce principe excessif, à moins que tout simplement elles n'aient conservé la tradition autoritaire d'un Etat unifié et centralisé par dix siècles de monarchie. Elles ont eu toutes le tort de ne pas réserver et garantir, tout d'abord, les droits des citoyens considérés individuellement et collectivement, d'organiser le pouvoir sans avoir pris la peine d'abriter contre ses empiètements les libertés nécessaires, auxquelles ne doivent attenter ni ceux qui sont chargés de confectionner les lois ni ceux qui ont pour mission de les faire exécuter.

Il serait sage de renverser l'ordre suivi jusqu'ici. C'est par en bas, non par en haut, qu'il faut commencer une constitution vraiment républicaine, de même qu'on commence une maison par les fondations et non par les étages supérieurs. La première chose à faire est de lier les mains aux détenteurs de la puissance publique, en proclamant intangibles ces libertés qui sont les conditions indispensables d'une société démocratique et les bases mêmes du pacte social.

**

C'est, avant tout, la liberté d'aller et de venir, et en conséquence, si un citoyen est arrêté comme dangereux pour autrui ou pour la Société, l'obligation pour les magistrats de l'interroger dans les vingt-quatre heures, de le relâcher immédiatement, s'il n'y a pas de charges très sérieuses contre lui, et de l'indemniser, s'il a été indûment incarcéré.

Il est honteux qu'une République soi-disant démocratique n'ait pas encore, après soixante ans d'existence, adopté ce principe de l'*Habeas corpus liberum* que la monarchique Angleterre a depuis cinq cents ans mis en pratique. Il est inadmissible qu'un prévenu reste des semaines et des mois entiers à la merci d'un juge ou d'un policier, dont la tendance professionnelle est de voir des coupables partout. Il est scandaleux que les Français vivent à perpétuité sous le régime d'une loi des suspects.

Ajoutons que ce respect de la liberté personnelle devrait s'étendre au domicile et à la correspondance. Qui les viole devrait être considéré comme manquant aux clauses fondamentales de la Société civile.

Vient ensuite la liberté de réunion et celle d'association, à la seule condition qu'elles ne soient pas dirigées contre la sûreté, l'unité ou l'existence de l'Etat, ce qui serait contradictoire avec le pacte unissant solidairement en nation tous les citoyens (1).

-----

(1) Cela implique pour la commune et la région la possibilité de régler elles-mêmes les affaires locales qui les regardent seules, de gérer leurs intérêts particuliers, en tant qu'ils ne sont pas contraires à l'intérêt général.

Il faut y joindre la liberté, je ne dis pas de penser (car en réalité nul ne saurait empêcher les gens de penser, sinon comme ils veulent, du moins comme ils peuvent), mais d'exprimer et de manifester sa pensée par la parole ou par la presse. L'Etat peut avoir une doctrine politique officielle ; il peut faire enseigner les principes sur lesquels il repose. Mais en fait de religion, de philosophie, de science, d'art, de littérature, il est parfaitement incompétent et n'a pas à se prononcer. Son rôle se borne à maintenir le *fair play*, la lutte égale et loyale entre les diverses opinions. Fût-il attaqué par écrit ou oralement dans son essence même, il n'a pas le droit de fermer la bouche ou de briser la plume de ses adversaires, pourvu qu'ils ne tentent pas de passer à l'action directe et violente qui est une rupture du pacte social (1).

Pour compléter cette grande charte de la liberté, il est juste de reconnaître à tout membre de la Société, dès qu'il est majeur, la faculté de renoncer à sa nationalité et de s'agréger à une autre. Un sociétaire peut toujours renoncer aux charges et bénéfices d'une Société où il s'est trouvé jusqu'alors incorporé sans avoir été consulté. La seule difficulté est de savoir s'il peut s'en retirer sans acquitter une certaine somme compensant les services qu'il a reçus de celle qu'il abandonne.

Mais la liberté n'est pas la seule prérogative des individus qui doive être mise hors d'atteinte.

---

(1) Est-ce à dire que la liberté de parole et de la presse doive être absolue? Non, l'absolu n'est pas de ce monde. Elle doit être limitée, comme toute liberté, par l'obligation de ne pas faire tort à autrui. Diffamer et calomnier sont des délits qui relèvent du droit commun. Voir mon ouvrage : *Les travailleurs du Livre et du Journal* (tome II, Librairie Doin, Paris).

Qui dit démocratie dit réciprocité de services et égalité d'obligations de tous envers chacun et de chacun envers tous. Ai-je besoin de dire que cette égalité de droits et de devoirs n'a rien à voir avec l'inégalité de fait qui existe entre les membres de tout groupement pour la taille, la beauté, la force, l'intelligence, la bonté. Il faut croire pourtant que cette distinction élémentaire n'est pas inutile à rappeler une fois de plus, puisque à chaque instant les ennemis déclarés ou masqués du suffrage universel font valoir comme un argument sérieux cette inégalité naturelle et incontestable. Ils ne sont pas encore parvenus à comprendre ou à reconnaître que les individus faisant partie d'une société sont autant d'êtres humains dont les convictions, les désirs, les volontés méritent le même respect que les leurs, par cela seul que ces êtres humains sont des personnes et qu'il n'existe point, comme disait Arago, de capacimètre permettant d'estimer ce que pèse et vaut chacun d'eux.

Voyez-vous quel chaos de compétitions et d'intrigues, quel étalage de sottes vanités, quelle complication de calculs bizarres, s'il fallait mesurer, d'après la valeur physique, intellectuelle et morale de chacun, le nombre de voix qu'il aura dans les scrutins ou la quantité de privilèges qui lui sera dévolue?

Vous me direz que l'égalité des droits entre citoyens est faussée par les inégalités qui viennent de la richesse, de l'éducation, du talent. D'accord. Raison de plus pour que la loi passe son niveau égalitaire sur tous, afin qu'au moins nul ne soit lésé de son fait, en attendant que les chances de bien-être et les conditions d'une vie heureuse, autant que cela dépend de la Société, s'égalisent de plus en plus entre ses membres.

*
* *

Je ne dis rien de la fraternité, qui complète la sainte trinité de la devise française, parce que la fraternité ne peut ni se décréter ni s'imposer. C'est affaire de sentiment non de règlementation ; de morale et non de politique. C'est à coup sûr une très belle et grande chose ; mais elle ne peut se traduire en articles de loi, sauf en cette prescription tout à fait générale que la Société doit les moyens de vivre aux enfants, aux vieillards, aux infirmes, à tous ceux qui sont incapables de lui payer leur dette de travail et d'entr'aide.

.

Que conclure de ces considérations? Ceci, qu'en tête de la Constitution, avant même qu'on n'y insère les fonctions attribuées et les prérogatives accordées aux différents pouvoirs, il me paraît indispensable de tracer les limites que ne pourront dépasser législateurs et autorités. C'est comme un domaine sacré à enclore de barrières infranchissables.

Cela dit, il est temps de rechercher comment peut être assurée et organisée l'exécution des lois.

CHAPITRE VI

Supposons la loi faite et bien faite, après avoir été bien étudiée et bien préparée, de façon qu'elle exprime la volonté réelle de la majorité. Il faut après cela qu'elle soit exécutée, obéie de tout le monde, même de ceux qui l'ont combattue, — et qui peuvent continuer à la blâmer, mais sans avoir d'autre droit que celui de s'y soumettre et de travailler à la changer en devenant à leur tour la majorité.

Il faut, en conséquence, un pouvoir exécutif, c'est-à-dire un gouvernement, avec un ou plusieurs chefs, avec des fonctionnaires qui opèrent sous son contrôle, avec une force publique qui assure l'application des lois contre toute tentative de résistance.

Nous rencontrons ici deux obligations contraires qui s'imposent au gouvernement.

D'une part, il doit respecter les libertés des citoyens, et j'ai dit, dans le précédent chapitre, quel est le terrain réservé où il n'a pas à pénétrer ; donc point d'arbitraire, point de ces empiètements dont toute autorité est coutumière ; point non plus de favoritisme, puisque la loi, dans une démocratie, est par définition égale pour tous.

D'autre part, il doit remplir avec courage et fermeté sa fonction, qui consiste à ne pas permettre que la loi reste lettre morte, ce qui serait pour tout État une cause de désordre et de dissolution.

On peut résumer cela en cette formule : Gouvernement fort dans un domaine strictement limité — et cela implique, à tous les degrés de la hiérarchie gouvernementale, une responsabilité portant sur une double obligation, positive et négative, qui est d'avoir accompli tout son devoir sans jamais dépasser ses droits.

*
* *

Une première question se pose : une république démocratique doit-elle avoir à sa tête un Président? Et, si elle en a un, que doit-il être ou ne pas être?

Consultons tour à tour la logique et l'expérience.

On prête à M. Clemenceau cette boutade : « Je connais deux organes inutiles : ma prostate et la Présidence de la République ».

Le fait est qu'il est aisé de concevoir une République sans qu'à côté, en dehors du Conseil des Ministres, il existe un souverain temporaire chargé de représenter le pays.

Le fameux amendement Grévy, qui fut discuté en 1848 et rejeté pour le malheur de la France par la Constituante, tendait à supprimer ce rouage superflu.

Il était ainsi conçu : — « L'Assemblée Nationale délègue le pouvoir exécutif à un citoyen qui reçoit le titre de *Président du Conseil des Ministres*. » A ce citoyen nommé pour un temps illimité, mais toujours révocable, devait incomber le choix de ses collaborateurs des tinés à rester au pouvoir avec lui, tant que l'Assemblée législative leur conserverait sa confiance.

Si, par un vestige d'esprit monarchique, on tient à garder un Président de la République, on a le choix entre deux solutions du problème : elles me semblent, du reste, mauvaises toutes les deux.

Ou bien on peut se payer le luxe d'un Président-Soliveau, qui par fiction soit au-dessus de la lutte des partis, qui n'ait guère que des fonctions d'apparat, et qui n'ait à exercer ouvertement une action politique que le jour où, sur les indications de l'Assemblée, seule légitime souveraine par procuration des électeurs, il choisit un homme pour former un ministère. Mais est-il vraiment nécessaire d'installer dans un palais de l'Etat et de pourvoir d'une large liste civile ce roi fainéant, cette machine à signer, à saluer et à pondre des discours?

L'Assemblée n'est-elle pas assez grande fille pour désigner elle-même celui à qui elle entend confier la direction des affaires publiques?

N'est-ce pas elle déjà qui est la maîtresse de l'heure, en repoussant ou en acceptant celui que le Président de la République ne peut en réalité que lui proposer?

En ce cas, il serait plus simple et plus digne de supprimer une magistrature de parade qui ne sert autant dire à rien.

L'autre solution serait de donner à ce Président des prérogatives considérables, de lui concéder, par exemple, le droit de veto contre les lois qui lui déplaisent, la faculté de dissoudre la Chambre, si celle-ci ne vote pas à son gré, ou encore de conclure des traités plus ou moins secrets avec les puissances étrangères.

Et alors ce ne serait plus un organe inutile ; il risquerait d'être malfaisant. Cette résurrection du pouvoir personnel serait extrêmement dangereuse ; elle créerait un antagonisme permanent entre pouvoir élgislatif et pouvoir exécutif, entre la Présidence et l'Assemblée ; elle conduirait à des conflits aigus, qui se dénoueraient par un Coup d'Etat, par une dictature, ou bien par la démission forcée, par le renversement violent de l'imprudent personnage qui se serait mis en travers de la volonté nationale. La suppression de la Présidence serait en ce cas une mesure de salut public.

— O France, guéris-toi des individus ! disait un témoin de notre première Révolution.

Cette parole est plus que jamais de circonstance, quand on veut fonder une République démocratique, où le peuple doit voter de plus en plus sur les choses et de moins en moins sur les hommes. La réduction au strict nécessaire de la puissance individuelle est en harmonie avec l'organisation qui, par le referendum et le droit d'initiative, s'efforce d'assurer de plus en plus la prédominance de la volonté collective.

Voilà ce que dit la logique ! Voici ce qu'enseigne l'expérience :

*
* *

Deux républiques peuvent être invoquées à titre d'exemples : celle des Etats-Unis d'Amérique, celle de la Confédération Suisse.

La première nomme pour quatre ans, par une élection à deux degrés, un président, doté de pouvoirs considérables et rééligible. Mais on sait quelle bataille acharnée suscite chaque élection présidentielle, et je ne crois pas qu'il soit sage de naturaliser en France cette agitation périodique du pays tout entier ; nous avons assez d'autres occasions de nous agiter, sans y ajouter le déchaînement régulier de compétitions personnelles. On sait aussi par des événements récents, à quels conflits aboutissent l'action du Président et le contrôle exercé sur elle par le Congrès.

Surtout il faut songer qu'en Amérique les pouvoirs du Président sont singulièrement limités par le fait que les Etats, réunis sous la bannière étoilée, ont chacun leur législation propre, une indépendance politique et économique, qui oppose une barrière solide aux velléités autoritaires du pouvoir central.

Le Président est un géant, si l'on veut, mais un géant ligotté, comme Gulliver chez les Lilliputiens, par un réseau compliqué de cordes et de cordelettes.

En France, dans un pays où les souvenirs et les espoirs monarchistes et césariens ne sont pas encore éteints, où les libertés locales ont péri sous le rouleau compresseur de la royauté, des assemblées révolutionnaires et du despotisme napoléonien, où un régionalisme très mitigé a peine à se faire sa place au sein de notre République une et indivisible, ce qui est inoffensif sur l'autre rive de l'Atlantique serait un essai des plus périlleux.

Cet essai a d'ailleurs été tenté, et, malgré notre prodigieuse faculté d'oubli, nous avons encore le souvenir du résultat qu'il a donné.

Par une imitation maladroite de la Constitution américaine, les républicains candides et les réactionnaires masqués qui composaient la Constituante de 1848 décidèrent de faire nommer directement par le peuple un Président, pourvu d'attributions énormes.

En vain, Grévy s'écriait-il avec son bon sens pénétrant : « *Un semblable pouvoir conféré à un seul, quelque nom qu'on lui donne, roi ou président, est un pouvoir monarchique* ».

En vain ajoutait-il avec une angoisse patriotique : « *Etes-vous bien sûrs que, dans cette série de personnages qui se succèderont tous les quatre ans au trône de la présidence, il n'y aura que des républicains empressés d'en descendre? Êtes-vous sûrs qu'il ne se trouvera jamais un ambitieux tenté de s'y perpétuer? Et si cet ambitieux est un homme qui a su se rendre populaire ; si c'est un général victorieux, entouré de ce prestige de la gloire militaire auquel les Français ne savent pas résister ; si c'est le rejeton d'une des familles qui ont régné sur la France et s'il n'a jamais renoncé expressément à ce qu'il appalle ses droits ; si le commerce languit, si le peuple souffre, s'il est dans un de ces moments de crise où la misère et la déception le livrent à ceux qui cachent sous des promesses des projets contre sa liberté, répondez-vous que cet ambitieux ne parviendra pas à renverser la République?*

L'histoire s'est chargée de la réponse à cette interrogation passionnée et prophétique. La quatrième année de la Présidence n'était pas écoulée qu'un César de rencontre, avec l'appui de la haute banque et d'une armée professionnelle, étranglait la République qu'il avait juré de défendre...

Le système suisse me paraît beaucoup plus prudent et plus démocratique.

Le Président est nommé pour un an par les deux Assemblées parmi les membres du Conseil des ministres. On désigne en même temps un vice-président qui occupera l'année suivante la présidence, pendant que le Président sortant rentrera dans les rangs du Conseil (au lieu d'être, comme en France, relégué au Musée des Antiques).

Le Président, pendant la courte durée de son mandat présidentiel, représente la Confédération, dirige les débats du Conseil fédéral et le département des Affaires étrangères et reçoit une rétribution qui est un peu plus forte que celle de ses collègues et qui s'élevait avant la guerre à 18.000 francs.

On peut être plus généreux en France et aussi préférer l'amendement Grévy au système suisse. Mais c'est, à mon avis, de l'un ou de l'autre que la France devrait s'inspirer et se rapprocher. Cela revient à dire que le Conseil des Ministres doit être la partie essentielle et active du gouvernement. Seulement, vous ne pensez pas sans doute qu'il puisse demeurer tel qu'il est constitué? Comment le rendre plus adapté à sa fonction?

CHAPITRE VII

Ministères et Ministres

Quand on interroge des étrangers ou même des Français clairvoyants sur les défauts organiques de notre pouvoir exécutif, ils dénoncent tous l'instabilité de nos ministres, leur fréquent manque de compétence, le gaspillage de leur temps et de leurs forces en des besognes inutiles.

Instabilité qui prête à la raillerie et n'est guère favorable à une politique suivie. Nos ministres paraissent et disparaissent comme les personnages d'une lanterne magique. A peine sont-ils installés qu'un coup de vent les balaye. Quand ils durent deux ans, ils ont atteint une longévité extraordinaire. On cite comme des prodiges ceux qui ont vécu davantage et qui ont pu exécuter une partie de leur programme. Les autres n'ont pu qu'annoncer et ébaucher quelques vagues projets ; beaucoup sont morts sans avoir rien fait. C'est d'eux qu'on pourrait dire : Quittez les longs espoirs et les vastes pensées !

Instabilité sans doute plus personnelle que réelle !

Si les ministres passent, les bureaux restent. Ils représentent la continuité ; mais ils la représentent trop. Ils incarnent avec une ténacité excessive l'immobilisme, la tradition, le *statu quo*, la routine. Profitant d'un perpétuel va-et-vient de gouvernants à vie brève, c'est la bureaucratie qui gouverne et comment ! si bien que la France offre cet étrange paradoxe d'avoir le gouvernement à la fois le plus stable et le plus instable.

La seconde critique n'est pas moins justifiée. Un ministre est chez nous un Monsieur qu'on met n'importe où pour y faire n'importe quoi et qui valse avec aisance de la marine à l'instruction publique, de l'agriculture aux colonies. Bon à tout, pourvu qu'il sache parler : comptez, si vous pouvez, combien d'avocats ont été bombardés à la direction de départements ministériels où ils avaient tout à apprendre !

Ce qui aggrave le danger de cette compétence universelle et par là même inquiétante, c'est qu'ils ont à régler quantité d'affaires qu'ils n'ont pas le temps d'étudier. Tout profane qui a eu l'occasion d'assister à ce qu'on appelle la signature, c'est-à-dire au défilé des pièces innombrables qu'un ministre doit signer chaque jour, demeure épouvanté de la multitude des décisions paraphées en un clin d'œil sur le rapport écrit ou oral d'un subalterne. Etonnez-vous après cela s'il se faufile dans le dossier quelque nomination qui étonne tout le monde et le signataire lui-même, quelque arrêté qu'il n'a pas lu et dont il est quand même responsable !

Où donc trouverait-il le loisir de peser les résolutions qu'il est censé prendre de lui-même ? Ne faut-il pas qu'il assiste à des banquets où il pérore, à des expositions qu'il inaugure, à des soirées de gala qu'il préside, aux séances de la Chambre et du Sénat où il doit être prêt à répondre à des questions et interpellations incessantes ? N'a-t-il pas à recevoir des tas de quémandeurs, grands et petits personnages qui ont tous à lui extorquer un avancement, un ruban, une faveur quelconque ? En vérité, il a trop de choses à faire pour les faire bien, et, d'autre part, quand il veut faire quelque chose, ses pouvoirs sont si mal délimités qu'à chaque mouvement il se heurte à la jalouse autorité d'un collègue et qu'il voit un autre trancher des questions, administrer des établissements, empêcher des réformes qui devraient logiquement relever de lui seul.

C'est à cela qu'il faut remédier. Mais pour chercher les remèdes à un mal, il faut en connaître les causes.

D'où vient d'abord l'instabilité ministérielle ? Avant tout de la mauvaise organisation de notre travail parlementaire.

Il est convenu que les ministres d'un même cabinet sont solidairement responsables et, en conséquence, vous assistez à ce spectacle : un ministère renversé tout entier, parce qu'un de ses membres aura commis quelque erreur, parce qu'il aura mal su se défendre contre une attaque brusquée, parce qu'il aura eu un mot malheureux, parce qu'il aura glissé sur la pelure d'orange habilement semée sous ses pas, parce qu'il aura été de la sorte mis en minorité dans la Chambre. Il entraîne alors dans sa chute tous ses collègues, toute une politique.

Or, qui osera dire que ce spectacle est rare, que les pièges tendus aux détenteurs du pouvoir sont exceptionnels ? Tout homme en place a derrière lui des héritiers présomptifs. Ne fût-il qu'un petit roi éphémère, il est guetté par un dauphin avide de lui succéder. La chasse aux portefeuilles est un sport très goûté dans les assemblées.

Quels moyens employer pour corriger ces tares de notre vie politique ?

Un premier serait de soustraire, je ne dis pas à la surveillance et au contrôle, mais aux fluctuations parlementaires, un certain nombre d'administrations qui n'ont rien à voir avec la politique. Postes, transports par terre et par mer, travaux publics, agriculture, colonies, beaux-arts, d'autres encore à déterminer, devraient être laissés aux mains de techniciens éprouvés, qui, sûrs de remplir longtemps leurs fonctions, prendraient à tâche et à cœur d'améliorer les services publics confiés à leurs soins.

Ensuite, il serait sage d'ériger en loi la responsabilité individuelle, qui a déjà été deux ou trois fois pratiquée dans nos Chambres, de façon qu'un ministre des affaires étrangères ne fût pas condamné à s'en aller, parce qu'un ministre de la justice a pu commettre une bévue plus ou moins grave. Il serait sage de décider que la question de confiance ne doit être posée par le Président du Conseil (qui pourrait être un ministre sans portefeuille, chargé d'unifier les vues de ses collègues) que lors d'un grand débat sur la politique générale : économique, fiscale ou concernant la direction à donner soit à notre diplomatie, soit à notre éducation nationale.

Il importe à l'harmonie entre le législatif et l'exécutif d'établir une solide séparation entre les deux pouvoirs. On ne saurait refuser au gouvernement le droit de proposer des lois, droit qu'il doit partager d'ailleurs avec les députés, les sénateurs et même avec un nombre de citoyens fixé par la Constitution. Mais l'initiative gouvernementale devrait être soumise à certaines conditions qui seraient utiles pour éviter la fâcheuse pression exercée par ceux qui ont pour fonction d'exécuter les lois sur ceux qui ont pour mission de les faire ; pour épargner aussi au ministère la nécessité de se retirer, si ses propositions ne sont pas adoptées par les Chambres.

Je me rappelle à ce propos ce que me disait un

jour un grand homme d'Etat d'un petit pays, Louis Ruchonnet, alors président de la Confédération Helvétique. Il me rendait attentif à ce qu'il appelait un ingénieux échappement dans les rouages de la Constitution suisse. Lorsqu'un projet de loi est déposé par le Conseil fédéral (Conseil des ministres), il est transmis immédiatement à une commission parlementaire qui l'étudie, l'amende, s'il y a lieu. Il devient alors le projet de la Commission. De la sorte, le Conseil fédéral peut en soutenir certaines parties, en critiquer certaines autres ; mais son autorité n'est plus en cause ; elle n'est pas compromise par le rejet ou l'acceptation partielle de ses idées ; il n'a pas à donner sa démission, si l'Assemblée ne l'a pas suivi jusqu'au bout.

Pourquoi dans notre constitution future n'y aurait-il pas une disposition analogue ? Un projet de loi, déposé par le gouvernement ou par tout autre groupement ayant qualité pour cela, serait renvoyé d'abord à une section spéciale du Conseil d'Etat (1), qui, conformément à son nom et à sa raison d'être originelle, l'étudierait au point de vue de la correction des textes et de la forme juridique des articles. Il passerait ensuite aux mains de la Commission de législation, qui le discuterait à fond, examinerait tous les amendements, lesquels devraient lui être apportés et ne pourraient plus être improvisés en séance publique. Après quoi, sur rapport de la Commission, gouvernement.

----

(1) Le Conseil d'Etat a aujourd'hui deux fonctions distinctes qui pourraient être dévolues à deux sections indépendantes l'une de l'autre. Il est tribunal administratif ; il est ou devrait être aussi le conseil juridique du Gouvernement et des Assemblées pour la confection des lois.

l'Assemblée délibérerait et voterait sans avoir, comme il arrive trop souvent, à émettre, malgré elle, **un vote** de complaisance pour ne pas jeter à bas le

A ces procédés, susceptibles de diminuer l'instabilité ministérielle, on peut en ajouter d'autres qui **seraient de nature à calmer** l'ardeur des candidats-ministres, des remplaçants en espérance. On a lancé l'idée de déclarer la fonction de ministre incompatible avec celle de député et de sénateur. Je crains qu'on ne se prive, par cette mesure tranchante, de talents expérimentés. Mais on pourrait tout au moins exiger que tout membre d'une Assemblée devenant ministre fût soumis à une réélection.

Il faut enfin prévoir le cas où il y aurait conflit entre le gouvernement et l'Assemblée. Le Président du Conseil pourrait être autorisé à demander à l'Assemblée une seconde délibération, si elle désapprouvait sa politique générale : ce serait une précaution contre les surprises ou contre un vote douteux ; mais il n'aurait qu'à s'en aller, si elle maintenait sa désapprobation. Je ne crois pas qu'il serait bon de lui accorder le droit de dissoudre la Chambre et d'en appeler au pays, comme cela se fait en Angleterre. Le dernier mot dans un conflit de ce genre doit rester à l'Assemblée : seulement, celle-ci devrait se représenter devant les électeurs, si la majorité de ses membres décidait d'abroger son mandat ou si la moitié du corps électoral l'invitait à se retremper dans le suffrage universel.

Je serai bref sur les deux autres défauts de notre organisation ministérielle.

Comment arriver à mettre *the right man in the right place*, nécessité qui se fait sentir surtout quand il s'agit d'installer un homme à la tête d'une grande administration d'Etat ?

En admettant que certaines administrations seront

remises à des techniciens, on a déjà chance d'éviter qu'un danseur ne s'insinue là où il faudrait un calculateur. En diminuant ainsi notablement le nombre des ministères à pourvoir de titulaires, on restreint du même coup le nombre de ces astres errants qui sont prêts à se contenter de n'importe quelle petite case pour figurer dans la constellation gouvernementale.

Dans le même sens agiraient la responsabilité individuelle et la réduction des affaires à traiter par chacun des ministres. Qu'on leur enlève tout ce qui est d'ordre local, communal, régional ; qu'on leur laisse seulement ce qui est d'ordre national ; on aura le droit de leur demander d'autant plus de connaissances spéciales et précises que leur champ d'action sera plus délimité.

Quant aux besognes stériles que l'usage leur impose, verriez-vous grand inconvénient à ce que, moins royalement traités, ils eussent une vie plus laborieuse et plus simple ; qu'ils fussent moins voués aux cérémonies d'apparat ; qu'ils n'eussent pas de décorations à distribuer (1), de sinécures à octroyer,

____

(1) Il conviendrait de les supprimer, à l'exemple de la Suisse et des Etats-Unis, sauf peut-être dans le domaine militaire. J'ai donné mes raisons dans un article du *Pays* (16 septembre 1917). Voici cet article :

Malheur à moi ! Je vais commettre le crime de lèse-vanité nationale ! Qu'on attaque les diplomates, les ministres, la Censure, la Constitution : c'est mal, évidemment, pardonnable pourtant. Mais qu'on ose toucher à la manie des décorations, c'est le forfait inexpiable. Malheur à moi !

Autant vaudrait renier son pays. N'est-ce pas l'humoriste américain Marc Twain qui définissait le Français : « Un monsieur décoré qui redemande du pain »?

..Et c'est si vrai !... De nos jours, l'idéal d'un Français de la

de fonds secrets à dépenser ; qu'ils fussent privés de ces instruments de corruption qui passent encore pour des instruments nécessaires de gouvernement ? Ne pensez-vous pas qu'il serait plus démocratique

———

bourgeoisie, grande ou petite, paraît être une perpétuelle distribution de prix. Joie, pleurs de joie, quand il peut arborer son mérite à sa boutonnière, faire flamboyer sur sa poitrine des bouts de rubans verts, jaunes, rouges, violets. J'ai connu une dame qui disait : « Si mon mari avait le bonheur d'obtenir le ruban rouge, je le coudrais sur sa chemise de nuit, jusque sur son gilet de flanelle ».

Si, encore, une fois palmé ou décoré, l'on se tenait pour satisfait ! Mais non ! Quand on est chevalier, on veut être officier, puis commandeur, puis grand'croix. C'est une chaîne sans fin, et l'on a le triste spectacle de vieillards qui intriguent et quémandent bassement pour qu'un ruban un peu plus large flotte sur leur cercueil.

Ce ne sont pas les ministres qui s'en plaindront. Parbleu ! Ils sont les grands dispensateurs de la manne officielle. Ils ont là un merveilleux moyen de gouvernement. Une croix par-ci pour encourager un dévouement électoral, une croix par-là pour faire taire un aboyeur ! A-t-on jamais vu un ministre présider un banquet ou inaugurer n'importe quoi sans répandre autour de lui une pluie de décorations multicolores ?

Le piquant, c'est que de farouches opposants ne dédaignent point ces faveurs d'un gouvernement qu'ils décrient à journée faite. On dit qu'il existe encore des économistes qui dénient à l'Etat le droit d'intervenir dans les affaires des particuliers : je ne sache pas que ces derniers fidèles du nihilisme gouvernemental se dérobent au geste qui fleurit leur redingote.

Mais il faut des titres !... — Je crois bien. Il faut, au moins, la recommandation (désintéressée, cela va sans dire) d'un sénateur ou d'un député. Il faut une moralité qu'un conseil spécial contrôle et estampille ; ce qui n'empêche pas chevaliers et officiers de figurer, parfois, en Cour d'assises, ailleurs qu'au banc des jurés et des témoins.

Cet homme a été pendant trente ans un rond-de-cuir modèle :

d'avoir des ministres qui vivraient comme de simples mortels, au lieu de singer les grands seigneurs d'autrefois ?

En contre-partie de cette diminution dans leurs prérogatives, on verrait avec plaisir une concentra-

———

sans opinions, sans initiative, sans rien qui le distingue ; l'ascenseur, où il était entré tout jeune, l'a fait monter d'étage en étage automatiquement : donc il a droit à des distinctions honorifiques qui, suivant l'étage, changent de couleur ou de forme. Ce maire de village a salué au passage le président de la République ; cette action d'éclat mérite bien qu'il soit, pour toute sa vie, mis hors du vulgaire par un insigne visible.

L'homme ainsi pavoisé à perpétuité est, désormais, rehaussé dans sa propre estime ; il se regarde complaisamment dans les miroirs ; il acquiert un prestige étonnant dans sa famille et auprès de son concierge. Cela lui vaut encore la déférence des agents de police ; vous me donnez un coup de poing : c'est moi qu'on arrête, si vous avez le ruban et, surtout, la rosette ! Un décoré me disait naïvement : « Voyez-vous, quand on est présenté à un souverain, cela lui fournit un sujet de conversation. » On n'est pas exposé tous les jours à un accident de ce genre. Mais cela procure des avantages plus palpables. Cet écrivain, qui est en veine de franchise, vous avouera : « Cela augmente la valeur commerciale de ma prose ». Un chocolatier vous en dira autant de ses produits.

Passe pour les décorations militaires ! La République française, première du nom, décernait parfois, à un général vainqueur, un sabre d'honneur. Seulement c'était pour un acte précis, pour un service vraiment exceptionnel rendu à la patrie. De même quand on accorde croix, médailles, fourragère aux soldats et officiers qui ont combattu sous Verdun, sur la Somme, sur l'Yser, cela signifie quelque chose. Cela veut dire, pour chacun de ceux qui les reçoivent : « Il a risqué sa vie. C'est un brave. »

Il est même permis de souhaiter que tous nos poilus, à leur

tion de leurs attributions aujourd'hui terriblement dispersées. On voudrait que nos ports de mer, que nos écoles ne fussent pas éternellement condamnés à relever de cinq ou six ministres différents. On vou-

———

retour dans leurs foyers, puissent suspendre dans leur maison un souvenir semblable de leur temps de misère et d'héroïsme. Des officiers m'ont confessé leur embarras, quand ils avaient à choisir parmi leurs hommes les plus dignes d'être signalés ; ils auraient pu tirer au sort. Lorsqu'ils avaient enfin désigné tel ou tel, au petit bonheur, ils disaient aux autres : « Je vous décore tous en leur personne ».

Mais est-il nécessaire que les bénéficiaires d'un choix difficile et problématique étalent à demeure sur leurs habits les distinctions qui leur sont échues? Voit-on un industriel faisant brimbaler sur sa poitrine les médailles qu'il a obtenues dans les différentes expositions où il a pris part? Et puis, n'est-il pas fâcheux que des civils, qui n'ont rien risqué, se pavanent avec des rubans et des croix qui peuvent faire croire tout le contraire?

Petite et vieille maladie, me dira-t-on, que ce prurit de vanité ! C'est proprement le mal français, écrivait La Fontaine Pourquoi s'y attaquer ? Notre soi-disant démocratie a bien d'autres tares plus graves... Patience ! on les signalera. N'empêche que celle-ci dénote un état d'esprit anti-démocratique. Symptôme comparable à ces boutons qui, à la surface du corps, trahissent une profonde infection intérieure.

Napoléon Ier, restaurateur de la monarchie et de la noblesse, savait ce qu'il faisait, quand il instituait cette réduction bourgeoise, cette quasi-parodie des ordres de chevalerie et des usages de Cour. Mais, une République, garder cette institution impériale !

En Suisse, où le port de pareils insignes est interdit, je sais un homme d'Etat, aujourd'hui rentré en grâce, qui, président d'une grande assemblée politique, fut obligé par l'opinion publique de donner sa démission, pour s'être laissé enrubanner par le Gouvernement français. Les Etats-Unis ont toujours ignoré ces hochets, et, dès la fin de mars 1917, le Gou-

drait aussi que leurs relations avec leurs subordonnés
fussent réglementées de façon nette et intelligente.
Mais c'est toucher à la réformé administrative, qui
mérite qu'on y insiste, et sur laquelle je reviendrai.

vernement provisoire russe décidait d'abolir toutes les décorations, sauf l'ordre militaire de Saint-Georges.

En France (qui sait?), peut-être viendra-t-il un jour où l'on sera aussi démocrate qu'en Suisse, en Amérique et en Russie.

CHAPITRE VIII

Qui de nous n'a pesté un jour ou l'autre contre M. Lebureau ? Un paresseux qui lit son journal ou bavarde avec un collègue, tandis que vous attendez son bon plaisir pour une affaire pressante ! Un arrogant qui se croit quelqu'un, parce qu'il est quelque chose, parce qu'il est derrière un guichet et détient une parcelle d'autorité ! Un rond-de-cuir ankylosé, un dévot de Sainte Routine, qui abrite son inertie sous la lettre du règlement, qui multiplie les paperasseries, qui a sans cesse à la bouche, comme Bridoison : « La foorme ! La foorme ! » Un important qui se prétend infaillible et couvre ses bévues d'un manteau de solennelle fatuité !

Le pauvre homme n'est point parfait, bien sûr !

Mais est-ce lui qu'il faut accuser ou la vie qui lui est faite, le travail monotone et souvent inutile qui a brisé en lui toute initiative, l'arbitraire et l'insécurité dont il est victime et dont il se venge à sa façon sur ceux qui l'approchent, la mauvaise humeur qui tombe sur lui du haut d'un grade supérieur et qui rejaillit en cascade sur le public ?

Peut-être sent-il autant et plus que vous les défauts de la machine dont il n'est qu'un rouage infime ; peut-être a-t-il eu, au début, la velléité de les corriger ; mais il a été regardé de travers, comme un gêneur, comme un mauvais esprit, et il est devenu peu à peu l'être amorphe ou anguleux que vous maudissez.

Peut-être serait-il, s'il en avait le pouvoir, le meilleur auxiliaire des améliorations que tout le monde désire.

Le fait est que, ces temps derniers, les fonctionnaires de tout genre, las d'être brimés et vilipendés, se sont associés pour se défendre et pour défendre en même temps vos intérêts.

Ils ont formé une grande fédération qui, non seulement n'est pas hostile à une réforme profonde, mais qui entend y collaborer.

Voyons donc avec eux en quel sens il faut l'orienter (1).

*
* *

Avant tout, c'est le mécanisme grinçant et mal agencé qu'il faudrait simplifier et harmoniser.

Le nombre de ceux qui remplissent les bureaux des ministères ne pourrait-il être diminué ?

On y voit des états-majors par trop fournis qui gravitent autour du chef. Il est si agréable et si commode de s'attacher ainsi de jeunes amis et de gagner leurs parents du même coup !

Croyez-vous que les sous-préfets, supprimés par plusieurs votes de la Chambre, continueraient imperturbablement à vivre, si les places qu'ils occupent n'étaient un débouché précieux pour les fils à papa de la classe dirigeante ?

Pensez-vous que les choses iraient plus mal en

____

(1) Consulter à ce sujet les écrits de MM. L. Chardon, Georges Cahen, Favareille, Corréard, André Thiers, Wilbois et Vanuxem

France, s'il n'y avait plus qu'un préfet par région et si, par une coïncidence heureuse, la réduction portait aussi sur les cas où l'on est forcé de solliciter l'autorisation du pouvoir central ?

Cette simplification pourrait être encouragée, comme cela se pratique dans les usines américaines, par des primes à tout employé qui apporterait un moyen d'opérer une économie de temps, de formalités, de personnel.

Il n'est pas nécessaire qu'un propriétaire riverain de la mer, demandant à construire sur une largeur de cinquante mètres une digue pour protéger son champ contre le rongement des vagues, doive patienter quatre ans pour obtenir satisfaction.

Il ne l'est pas davantage qu'on soit obligé, pour se renseigner sur les démarches à faire, de recourir à huit ou dix bureaux différents, ce qui a pour conséquence inévitable un record de lenteur. Un office général de renseignements pourrait être établi, qui épargnerait bien des peines et des ennuis à tous ceux qui ont à traiter avec l'Administration.

De même, qui croirait que le télégraphe, le téléphone et l'automobile ont été inventés, quand on suppute ce que dure la transmission d'une requête ou d'une pièce comptable d'un ministère à un autre ?

Et c'est bien autre chose, quand il s'agit d'une communication entre une administration d'Etat et celle d'une ville !

J'en puis citer un exemple personnel.

Pendant dix-sept ans, au Collège de France, le paiement de mon traitement, qui est versé par la Ville de Paris, mais qui doit m'arriver par le Ministère des Finances, a été, au début de chaque année, retardé de deux ou trois mois ; il y a si loin de l'Hôtel de Ville au Louvre !

Autre genre de mauvaise organisation :

Convient-il de prévoir au budget, pour un an seulement, les dépenses de tel ou tel travail qui doit durer plusieurs années ?

N'est-ce pas gêner sans raison l'exécution de tout programme à larges vues et à longue échéance ?

Sans compter que cela favorise une fâcheuse habitude, celle d'épuiser n'importe comment les crédits votés pour l'année courante, puisqu'ils ne peuvent être reportés sur l'année suivante. De là, en fin d'exercice, un gaspillage bien connu et devenu régulier.

Il y aurait lieu aussi de spécialiser les recettes et dépenses de chaque branche d'industrie ou de commerce exploitée par l'Etat, voire de chaque entreprise dirigée ou contrôlée par lui, afin de mettre en lumière ce que coûte et rapporte chacune. Cela serait œuvre de clarté budgétaire.

*
* *

Mais, plus importante est la réglementation des rapports des fonctionnaires avec le public et avec l'Etat, leur patron.

La Ligue des Gouvernés, qui a vécu ce que vivent les roses et les ministères, avait pris pour devise : *Les services publics sont faits pour nous servir*, et pour but l'étude et l'application des moyens propres à les perfectionner.

D'accord avec les employés eux-mêmes, elle réclamait d'eux tous exactitude, célérité, politesse. Elle voulait que dans tout bureau un registre fût ouvert aux plaintes et réclamations et qu'une réponse à ces doléances fût, dans la huitaine, inscrite sur le même livre. Elle protestait contre ces missives officielles à signature illisible, dont l'auteur semble vouloir se dérober sous le voile de l'anonymat.

C'est qu'en effet la réforme essentielle pour les administrés consisterait à obtenir que la responsabilité des administrateurs fût effective à chaque étage. Mais cela ne peut se réaliser que si, en même temps, leur compétence est nettement délimitée, si chaque commis ou employé, véritablement maître en son domaine, connaît les initiatives qui lui sont permises, les limites qu'il lui est interdit de dépasser.

En cas de négligence ou d'abus de pouvoir (car l'infaillibilité de l'Administration est à reléguer au rang des légendes périmées), le fonctionnaire serait passible du droit commun, sans préjudice des mesures disciplinaires qui pourraient être prises à son égard ; mais elles regardent ses rapports avec l'Etat, sur lesquels il sied maintenant d'insister.

Agents de l'Etat ou des communes, les fonctionnaires sont liés à l'autorité qui les emploie par un contrat bilatéral. Il est de toute justice qu'ils bénéficient d'un statut définissant avec précision leurs droits et leurs devoirs.

A l'heure qu'il est, rien n'est plus confus, plus divers, plus changeant que les règlements qui leur sont imposés. De 1884 à 1909, ils ont été 178 fois remaniés ; pour le seul ministère des Finances, on compte, en ces vingt-cinq ans, vingt-deux rédactions différentes.

A tous les changements de ministère (et chacun sait s'ils sont fréquents), la fantaisie du nouveau ministre bouleverse ce qui fut édicté par ses prédécesseurs.

C'est une mobilité effarante, alors que, pour la bonne marche des services et pour la sécurité de ceux qui sont chargés de les assurer, la stabilité est profondément désirable.

Donc, il est nécessaire et opportun de reviser, coordonner, unifier des règles incohérentes et mal observées.

Mais ici se pose une grave question de méthode.

Le principe démocratique veut que, de plus en

plus, les intéressés soient associés à la gestion des
intérêts qui les concernent.

Il importe, en conséquence, que les statuts, qui
doivent déterminer les obligations de l'Etat envers
ses fonctionnaires et de ses fonctionnaires envers
l'Etat, ne soient pas rédigés sans leur participation ;
il importe que ceux-ci, représentés par des délégués
élus, collaborent à leur confection.

Cela bien entendu, quels sont les droits à stipuler
en leur faveur ?

Il faut partir de cette idée que les fonctionnaires
sont des citoyens comme les autres et qu'ils ont les
mêmes droits que leurs compatriotes. Partant, pleine
liberté de penser et d'écrire, de se réunir, de s'associer, de se syndiquer. Pleine liberté d'action en
dehors des fonctions qu'ils se sont engagés à remplir (1).

Mais, d'autre part, détermination rigoureuse des
relations particulières qu'ils ont avec l'Etat ou la
commune qui les emploie.

C'est une sorte de contrat collectif à conclure, où
chacune des diverses catégories, expéditionnaires et
rédacteurs, commis et ouvriers, agents et sous-
agents, chefs et sous-chefs, ingénieurs et piqueurs,
professeurs et instituteurs, etc., trouvera la charte
qui lui est applicable.

Le mode de recrutement est d'abord à déterminer.

Examens et concours spéciaux, suivant la nature
de la fonction, mais combinés de telle sorte que le
jeu de la faveur et des recommandations en soit
diminué ; et, pour cela, peut-être conviendrait-il que
des délégués des candidats, élus par eux parmi des

---

(1) Une difficulté sérieuse est de savoir si le droit de grève
ne doit pas être soumis à certaines précautions, dans le cas où
l'interruption d'un service public serait un danger pour la
masse de la population (pompiers, agents de police, etc.).

personnes ayant les titres requis pour être de bons juges, fussent adjoints aux Commissions nommées par l'autorité compétente.

Il conviendrait également que concours et examens, aussi peu livresques que possible, fussent suivis d'un stage où serait éprouvée la capacité pratique de l'apprenti fonctionnaire.

Il faudrait ensuite que le règlement fixât la durée du travail quotidien, celle des vacances, l'âge et les conditions de la retraite (1), les appointements afférents à chaque fonction.

Sur ce dernier point, l'Etat est pris entre le désir méritoire d'épargner l'argent des contribuables et la nécessité de se procurer ou de garder des serviteurs de haute valeur. Or, on a pu remarquer que, pendant tout le XIXe siècle, les traitements privés ont été plus élevés que les traitements publics (2).

Pour une foule de petits employés, la misère en habit noir fut longtemps le lot commun, et nul n'ignore que beaucoup de nos ingénieurs, sortis de l'Ecole Polytechnique, quittaient dès qu'ils le pouvaient le service de l'Etat, ce maître ingrat, pour entrer à celui des Compagnies de chemins de fer ou des grandes Sociétés industrielles, coutumières de rémunérations moins maigres.

Pour une cause analogue, l'exode des membres du corps enseignant est devenu inquiétant au lendemain de la guerre.

______

(1) On a été heureux de voir cesser cette iniquité : une retraite refusée à un fonctionnaire, à qui l'on a retenu chaque année une sertaine somme, pour la raison qu'il n'a que 24 ans 1/2 de service alors qu'il en faut 25 ou 30. La retraite doit être acquise en tout cas et proportionnelle au nombre d'années pendant lesquelles la fonction a été remplie. M. Justin Godart a déposé en ce sens une proposition de loi qui a été, je crois, votée.

(2) La remarque a été faite par M. le vicomte d'Avenel.

Il sied donc de ne plus lésiner, si l'on veut que l'État et le public soient bien servis. Sans doute, une limite raisonnable est à tracer ; des économies sont même possibles, à condition qu'elles visent non en bas, mais en haut, qu'elles portent sur certains gros traitements peu proportionnés à l'utilité de ceux qui les touchent ; je nommerai seulement nos trésoriers payeurs généraux.

Plus épineuse est la question de l'avancement.

Comment doit-il se produire ?

Au choix ? On n'a pas encore inventé le capacimètre, dont François Arago, si je ne me trompe, regrettait l'absence. Gare au favoritisme !

On peut craindre aussi, dans les rangs, l'intrusion de jeunes gens bien apparentés ou de parlementaires qu'on veut consoler d'un échec par-devant les électeurs.

A l'ancienneté ? Gare à la somnolence de gens qui savent que la machine bureaucratique, comme un ascenseur, les élève, sans fatigue, d'étage en étage !

A l'élection ? Gare aux brigues, aux compétitions violentes, ou bien à la camaraderie, nommant un bon garçon qui laissera tout aller à vau-l'eau !

Il serait peut-être sage de combiner les trois systèmes ; d'admettre que les candidats à un grade pourront être présentés par leurs supérieurs et leurs pairs réunis, de même qu'au Lycée Henri IV une médaille d'or est décernée au plus méritant par le suffrage des maîtres et des élèves ; de décider qu'en sus les motifs de toute nomination seront rendus publics ; qu'en revanche, l'ancienneté sera un titre à une promotion de classe, entraînant une augmentation de traitement, mais non une élévation dans la hiérarchie.

Peut-être obtiendra-t-on de la sorte ce qu'il faut souhaiter aussi pour notre éducation nationale : une bonne moyenne avec un procédé capable de faire émerger une élite.

Il va de soi que les fonctionnaires, si respectueux qu'on soit de leur indépendance, ne sauraient être soustraits à tout contrôle.

Il faut prévoir des inspecteurs ; il faut prévoir également, en cas de faute reconnue, des sanctions. Elles sont aujourd'hui très variables d'un ministère à l'autre.

A l'avenir, elles devraient être spécifiées par les statuts et appliquées par des Conseils de discipline où les juges seraient en nombre égal des supérieurs et des pairs de l'accusé élus pour cet office.

Le Conseil d'Etat, modifié quelque peu dans sa composition, fonctionnerait en appel.

Telles sont les principales réformes que l'on peut proposer.

Qui saura, qui voudra, qui osera les introduire dans nos lois et dans nos mœurs ?

Qui attachera son nom à cette œuvre si ardemment espérée et si longtemps différée : la pénétration de la démocratie dans notre régime administratif ?

CHAPITRE X

L'Armée et la Police

La force publique se présente sous deux formes : l'armée et la police. L'une et l'autre ont besoin d'être adaptées au régime démocratique.

L'armée ! On voudrait qu'elle fût pareille à ces armures de fer où s'enfermaient nos ancêtres et qui, devenant inutiles, sont aujourd'hui des objets de musée. O la mort de la guerre, la paix universelle et perpétuelle ! Beau rêve que la Société des Nations finira peut-être par réaliser un jour, mais qui s'entrevoit à peine dans les brumes de l'avenir ! Hélas ! oui, tout en souhaitant qu'on n'ait jamais plus à s'en servir, il faut reconnaître que l'armée est encore nécessaire. Elle conserve une double fonction : elle doit assurer, d'une part, la défense nationale, et d'autre part, l'ordre public, l'exécution de la loi.

Je laisse à de plus compétents que moi le soin d'étudier les détails de son organisation technique, qui peut et doit changer avec les progrès de la science et l'incessant mouvement des inventions. Je veux chercher seulement en quoi et comment elle peut et doit être démocratisée. Il me suffira de dégager quelques principes directeurs.

Avant tout, il convient de maintenir le service personnel obligatoire pour tous les citoyens valides. L'égalité devant l'impôt du sang est à la fois une chose juste et un moyen d'éviter les guerres déclarées à la légère. On n'est pas friand de se lancer dans la terrible aventure qu'est la guerre moderne, quand on sait qu'il faut payer de sa personne ou de celle de ses enfants. Il faudrait même fermer rigoureusement les échappatoires par où se dérobent les poltrons et les habiles. L'embusqué vaut le déserteur. Ceux qui sont trop faibles pour supporter les fatigues de la marche et du combat peuvent, comme les femmes, servir dans les ambulances, les hôpitaux, les fabriques de munitions. Quand la patrie est en danger, la nation tout entière doit être debout. Malheur au peuple qui remet ses destinées aux mains de troupes mercenaires ou, ce qui revient presque au même, à un corps de militaires professionnels qui coûtent très cher et qui, sans être une protection suffisante contre l'ennemi, sont un danger pour les libertés publiques !

Par cela même que tout citoyen est un soldat éventuel, la durée du service, égale pour tous, peut être longue, si l'on considère le temps où un homme peut être appelé, mais doit être courte, si l'on regarde la période nécessaire pour le dresser. Ecrivant sur ce sujet en 1897 (1), j'offrais à la France l'exemple des milices suisses, où les recrues sont instruites en quelques mois, mais où chaque citoyen de retour dans ses foyers reste astreint à s'exercer au maniement des armes, à tirer tant de coups de fusil par an, à faire de temps en temps quelques semaines de vie militaire, qui entretiennent en lui le souvenir de ce qu'on lui a enseigné et la souplesse de l'entraînement physique.

C'est l'idée que Jaurès a reprise plus tard et développée magistralement dans son beau livre : *L'armée nouvelle*, publié en 1910 et réédité, après sa mort hélas ! en 1915.

---

(1) *Le régime socialiste* (F. Alcan, éditeur, p. 75).

Les leçons de la guerre ont prouvé combien il avait vu juste sur une foule de points. Elles ont démontré que peu de mois suffisent pour transformer les jeunes Français en bons soldats. Elles ont démontré que la force offensive et défensive d'une armée n'était pas uniquement ni même essentiellement, comme l'ont cru tant d'officiers d'état-major attachés aux vieilles conceptions, dans les régiments de l'active, mais que les réserves imprudemment dédaignées étaient au moins aussi résistantes et avaient dès le début des hostilités, comme les Allemands nous l'ont appris à nos dépens, un rôle considérable à jouer. Le centre de gravité de la masse combattante s'est ainsi trouvé déplacé ; des jeunes gens de vingt à vingt-trois ans, il a passé aux hommes faits arrivés aux environs de la trentaine. Bref, c'est la nation armée qui a pris le pas sur l'armée de caserne.

De là découlent des conséquences qui s'imposent. Sans doute, il n'est pas question de désarmer la France et de la laisser à la merci d'un ennemi toujours redoutable, quoique vaincu et abattu pour longtemps. Il importe seulement de réduire au strict nécessaire les précautions et les sacrifices que réclame encore la sécurité de la patrie ; c'est ce que commandent le manque d'argent dans nos caisses et le manque de main-d'œuvre dans nos usines et nos campagnes.

Personne n'ose plus parler de condamner notre jeunesse à trois ans de garnison, à trois longues années de cette séquestration démoralisante où l'on perd si aisément le goût du travail et où l'on prend si facilement celui de la débauche. Deux ans seraient encore bien longs et risqueraient de faire dire aux poilus revenant du front : « Ce n'est pas pour cela que nous nous sommes battus. Nous avons voulu épargner à nos enfants une interruption si profonde et si périlleuse de leur laborieuse existence. »

Le plus sage serait sans doute d'abord de faire aux jeunes générations, par une éducation physique vigoureusement poussée, des membres robustes et des santés solides ; puis d'opérer en quelques mois de travail intense le dressage des recrues ; d'avoir pour cela des instructeurs spécialisés dans cette fonction ; d'exiger ensuite chaque année des soldats redevenus des civils la preuve, qui pourrait être fournie en quelques jours, qu'ils n'ont ni oublié la manœuvre ni perdu leur vigueur.

A cette armée vraiment civique qui pourrait toujours être cantonnée et exercée près des frontières, il faudrait des cadres ; mais caporaux et sergents, nommés après examen, garderaient leurs grades, quand ils seraient rentrés dans la vie ordinaire, et demeureraient toujours prêts à reprendre leur rang dans leur compagnie. Quant aux officiers, si l'on peut en prévoir un petit nombre qui feraient de la profession militaire leur carrière exclusive et poursuivraient leur instruction théorique et pratique par des études prolongées et par des missions à l'étranger, il y aurait avantage à ce que, au lieu d'être isolés dans des écoles spéciales et élevés de la sorte en serre chaude, ils fussent mêlés dans les Universités aux gens de leur âge, afin d'être aux jours critiques plus près des hommes qu'ils auront à commander.

La discipline est indispensable dans une armée ; mais elle est mieux observée, quand elle est consentie par ceux qui la subissent et tempérée d'humanité par ceux qui sont chargés de la faire respecter. Aussi serait-il à souhaiter qu'il n'y eût plus pour les officiers de certaines armes (je pense surtout à la cavalerie) un recrutement de caste qui crée entre les simples soldats et leurs supérieurs hiérarchiques un large fossé rempli de défiances mutuelles.

Si, du reste, capitaines, commandants, colonels

avançant partie au choix, partie à l'ancienneté, demeuraient, comme c'est le cas en Suisse, commerçants, industriels, professeurs, magistrats, agriculteurs, ils auraient moins de morgue tout en ayant autant d'autorité ; et j'ajoute que cette armée, intimement unie à l'élément civil, aurait aussi, quand il s'agirait d'empêcher ou de réprimer quelque violation de la loi, une force morale et un tact qui manquent aux troupes séparées de la nation par leur genre d'existence et devenues plus gouvernementales que nationales. En tout cas une armée ainsi organisée ne saurait être un instrument de coup d'Etat (1).

*
* *

Puisque nous envisageons la nécessité de préserver l'ordre matériel qui est la condition normale de la vie d'un peuple, il faut parler de la police.

Elle est fort mal famée, et c'est la faute de ceux qui l'ont fait dévier de sa destination à la fois modeste et utile. Veiller à la sûreté des rues et des maisons, protéger passants, femmes, enfants contre la violence et le vol, contre les folies de vitesse des automobiles, contre les chiens errants et les fous dangereux, devrait valoir la reconnaissance à ceux qui se chargent de ces besognes.

Mais pourquoi la police a-t-elle été si souvent une servante malfaisante et brutale à la dévotion des dirigeants ? Pourquoi, se cachant comme le malfaiteur, s'est-elle glissée là où elle n'avait que faire ? Pourquoi a-t-elle racolé dans les bas-fonds de la société des espions, des bravi, des hommes à tout faire,

____

(1) La loi Paul-Boncour, votée depuis que ceci a été écrit, a donné une satisfaction partielle à ces desiderata. Il faudrait encore renoncer aux férocités du Code militaire et remplacer les Conseils de guerre par les tribunaux ordinaires.

des agents provocateurs, des ourdisseurs de complots factices ? Pourquoi a-t-elle été lancée sans raison valable contre des citoyens qui usaient de leurs droits ? Pourquoi, coupée en deux tronçons, a-t-elle été en lutte avec elle-même et créé du désordre au nom de l'ordre ?

La réponse mettrait en cause les gouvernements de classe ou d'aventure qui ont passé tour à tour sur la France. La police a obéi trop docilement à des volontés arbitraires. C'est ce qui rend difficile de la réhabiliter. Pourtant, si elle cessait d'être secrète, si elle avait des pouvoirs strictement délimités, si elle s'exerçait, comme toute autre fonction, sous le régime de la responsabilité personnelle, si elle était simplement l'impartiale exécutrice de la loi, elle pourrait obtenir une considération qui lui est accordée en d'autres pays.

Les policemen de Londres peuvent sur ce point être enviés de nos gardiens de la paix. Il est vrai qu'en Angleterre j'ai vu se dérouler dans les rues des cortèges de quinze à vingt mille manifestants qui faisaient leur police eux-mêmes. En France, je ne connais guère qu'un exemple de ce *self-control*. C'était un jour de grève à Saint-Etienne, il y a une quinzaine d'années. Les grévistes voulaient se rendre en troupe à Firminy, je crois. Quelqu'un vint trouver le préfet et lui dit : « Ne prenez pas la peine de déranger vos agents. Je me charge de maintenir l'ordre. » Le préfet eut confiance et le fait est que les grévistes défilèrent sans encombre, encadrés de vigoureux gaillards, choisis par eux et parmi eux, qui marchaient en serre-files. Vous ai-je dit que l'organisateur de cette police volontaire était M. Briand ?

Bon exemple qui n'a guère été suivi ! Mais, pour finir comme j'ai commencé, vienne le temps où chez les peuples assagis on saura de plus en plus se passer de police comme d'armée !

CHAPITRE X

Le Pouvoir judiciaire

L'autorité sociale a ici deux fonctions ; l'une est de substituer son action souveraine, impartiale et apaisante à l'emploi de la force privée en cas de conflit entre deux intérêts ou deux convoitises ; c'est la justice civile. L'autre est de réprimer et d'empêcher de se produire tout attentat contre la liberté, les biens ou la personne des individus ou contre la sûreté de la société elle-même ; c'est la justice pénale.

L'une et l'autre, pour s'exercer de façon parfaite, voudraient des êtres infaillibles, impeccables, capables de sonder les cœurs en leurs plus profonds replis et de démêler au dedans ou au dehors des êtres humains les causes complexes et mystérieuses qui déterminent leurs actions ; en un mot, il faudrait des dieux ou des anges, eût-on dit autrefois, ou des surhommes, pour parler le langage d'aujourd'hui.

Faute de mieux, tâchons d'indiquer les conditions et les qualités que l'on peut exiger de ceux qui assument la redoutable fonction de juger leurs semblables.

Ce qu'on doit demander aux juges des tribunaux

civils, c'est capacité en même temps que conscience ;
ce qu'on doit leur accorder dans la mesure du possible, c'est indépendance.

La connaissance des lois, prouvée par des diplômes,
la moralité attestée par une vie intègre, sont les titres
élémentaires qu'ils ont à présenter.

Il conviendrait d'y ajouter la fermeté d'un caractère inaccessible aux sollicitations (des puissants
comme aux passions ambiantes, à l'intérêt personnel
comme aux préjugés de classe. Mais quelle pierre de
touche employer pour reconnaître chez l'apprenti-
magistrat des vertus qui ne se révèlent qu'après
coup, qui ne se manifestent qu'à l'épreuve ?

Quant à l'indépendance du magistrat, par quels
procédés l'assurer ? S'il est nommé par le gouvernement, il dépend du gouvernement. Pour tourner
la difficulté, on a imaginé de le rendre inamovible.
Garantie à peu près illusoire ! Est-ce que l'avancement avec les décorations ne constitue pas aux mains
des hommes au pouvoir un sérieux moyen de pression ? Qui donc ignore que la robe rouge plus
encore que le ruban rouge est une tentation permanente qui peut fausser une sentence, transformer en
un service ce qui ne devrait être qu'un arrêt ?

Dans un régime démocratique, le souverain, c'est
le peuple, principe qu'il faut toujours avoir présent
à la mémoire. Il semble donc que l'élection des
juges par le peuple soit une solution plus satisfaisante du problème. Elle a figuré longtemps dans le
programme républicain ; elle est appliquée de longue
date aux tribunaux de commerce, qui s'en trouvent
bien. Ne pourrait-elle s'étendre aux tribunaux civils ? Sans doute, il serait nécessaire d'imposer aux
candidats des conditions d'âge et de savoir.

Si l'on craint la brigue, le juge devenant l'homme
d'une coterie ou l'instrument d'un parti, le tirage
au sort sur une liste où seraient inscrits tous les can-

didats présentant les qualités requises pourrait être pratiqué sans grand danger.

N'est-ce pas déjà un système analogue qui existe pour le jury ?

Le même système pourrait être appliqué aux cours d'appel, sous la réserve que leurs membres ne seraient choisis que parmi ceux qui auraient fonctionné comme juges dans les tribunaux de première instance. Il pourrait l'être à la Cour de cassation, dont les membres seraient élus par les deux chambres réunies parmi les juges ayant fait leurs preuves et leur temps dans les cours d'appel.

La nomination et l'avancement des magistrats étant ainsi réglés, il faudrait établir, sinon la gratuité, du moins l'extrême bon marché de la justice.

Y a-t-il rien qui soit plus compromettant pour elle, plus fâcheux pour sa bonne renommée que cette antique tradition dont elle est la trop fidèle observatrice et qui fait d'elle un épouvantail pour beaucoup de gens : à savoir d'être ruineuse pour les plaideurs et, par conséquent, de favoriser les riches au détriment des pauvres ?

L'assistance judiciaire, qui est destinée à atténuer le mal, n'est accordée qu'aux indigents avérés ; quant aux autres, qu'ils paient et on les jugera !

La réduction des frais entraînerait sans doute la suppression de ce vestige du régime féodal qui s'appelle la vénalité des offices. La Révolution l'avait abolie ; la Restauration l'a rétablie et quoique le 23 octobre 1902 une proposition de loi déposée par M. Clemenceau ait réclamé la transformation de la plupart de ces offices, ils vivent et prospèrent à qui mieux mieux, sous leur ancienne forme. Huissiers, greffiers, notaires, avoués, avocats au Conseil d'Etat et à la Cour de cassation trafiquent de leurs charges devenues leur propriété, et, pour en récupérer le prix d'achat, ils sont naturellement enclins à exploiter leurs clients et à les tondre jusqu'à l'os.

Dans une démocratie voisine, en Suisse, les huissiers sont, depuis une quarantaine d'années, remplacés par des préposés aux poursuites judiciaires qui sont des fonctionnaires tarifés. Qu'est-ce qui empêche, sinon le respect d'un privilège que rien ne justifie, de donner le même caractère aux notaires, greffiers, avoués ?

Et, du même coup, ne pourrait-on rendre libre la profession d'avocat, permettre à chacun de choisir en dehors du barreau le défenseur qu'il lui plaît d'avoir ou de plaider lui-même sa cause, s'il se croit capable de le faire ?

Cela entraînerait encore (et qui s'en plaindrait, sinon ceux qui cherchent leur vie dans le maquis de la procédure?) la simplification de nos Codes, des paperasses, des grimoires, des formules conçues à dessein dans un style archaïque et amphigourique, de tout ce fatras où les profanes se sentent si bien perdus que beaucoup aiment mieux se laisser molester et léser que de s'aventurer sur un terrain semé de pièges et obstrué de ronces.

Ce qu'il faudrait multiplier, en revanche, ce sont les tribunaux paritaires, composés des délégués de deux catégories adverses, comme le sont les Conseils de prud'hommes, offrant aux deux parties des garanties solides, comme le pourraient être les tribunaux d'arbitres autorisés par la loi, mais si peu entrés dans les mœurs que presque personne n'y a recours.

Ce qu'il faudrait encore, c'est l'extension de la compétence accordée aux juges de paix qui, sans formalités longues et coûteuses, travaillent à concilier plus qu'à trancher et règlent déjà tant d'affaires litigieuses.

Si, du civil, nous passons au criminel, quelles réformes peut-on envisager ?

C'est à coup sûr une institution démocratique que le jury. Elle érige de simples citoyens en auxiliaires momentanés des magistrats de carrière ; elle les appelle à siéger à côté du tribunal comme des représentants de la conscience publique ; elle les invite à se prononcer sur le fait, en laissant aux juges l'interprétation des textes juridiques qui doivent y être appliqués.

Malheureusement, comme il arrive trop souvent dans notre démocratie embryonnaire, elle est déviée par la façon arbitraire dont sont désignés les jurés. Dans chaque département, le premier président de la cour d'appel, ou, à son défaut, le président du tribunal d'assises qui existe en tout chef-lieu, dresse une liste ; puis on tire au sort parmi les personnes qui ont le privilège d'y être inscrites.

Seulement, qui figure sur cette liste ?

Les pauvres n'y sont pas admis. La loi du 21 novembre 1872 *dispense* (on n'a pas osé dire : *exclut*) des fonctions de juré ceux qui ont besoin pour vivre de leur salaire journalier. Des femmes, il n'est point question : elles sont réputées trop sensibles, trop accessibles à la pitié. Parmi les hommes, on trie sur le volet des industriels, des commerçants, des rentiers, des propriétaires ; c'est un vestige du suffrage censitaire.

Le jury devient de la sorte une institution de classe avec toute la partialité que ce mot comporte.

Pour le rendre digne du rôle qui lui est assigné, il faudrait qu'il fût nommé au suffrage universel, comme le demandaient nos grands-pères, les bons démocrates de 1848, comme c'est la règle dans la Confédération suisse.

Si l'on redoute de mauvais choix, rien n'empêche de stipuler que les candidats auront une certaine dose d'instruction, un certain âge et un casier judiciaire ne contenant aucune condamnation pour délit de droit commun.

Si l'on veut que le paysan et l'ouvrier puissent être élus, il est aisé de payer leur journée à ceux qui ne peuvent donner leur temps gratis.

Si, malgré tout, l'on a peur de l'esprit de parti, qui peut être aussi malfaisant que l'esprit de classe, il est loisible de pratiquer le tirage au sort sur une liste élargie d'où ne seraient bannis que les illettrés ou les personnes frappées antérieurement de peines graves.

Je ne dis pas qu'on aurait de la sorte un organisme parfait : la perfection n'est pas chose humaine. Mais on aurait du moins corrigé ses plus criants défauts ; et l'on pourrait alors étendre sa compétence au delà des limites actuelles jusqu'en matière correctionnelle et même civile.

Les tribunaux spéciaux qui subsistent (conseils de discipline dans les administrations) gagneraient, eux aussi, à un élargissement qui ferait entrer au nombre des juges une notable quantité de membres élus par les pairs des délinquants traduits devant eux.

Il y aurait lieu d'octroyer encore d'autres garanties aux prévenus. J'ai déjà exprimé le regret que nous n'ayons pas en France cette belle loi anglaise qui ordonne que toute personne arrêtée sera, dans les vingt-quatre heures, interrogée, puis relâchée ou incarcérée en vertu d'un jugement sommaire et provisoire.

Il est en outre désirable que l'instruction, où l'accusé peut désormais se faire assister de son défenseur, ce qui est un progrès incontestable, ne demeure pas secrète, à moins que l'accusé ne s'oppose lui-même à la publicité.

Il est enfin à souhaiter que la société, qui intervient par l'organe du ministère public pour requérir le châtiment du coupable, soit en même temps représentée par un second ministère public qui ferait la contre-partie, qui réclamerait l'indulgence et la pitié, en faisant valoir que tout criminel, s'il est un péril social contre lequel il faut se défendre, est aussi et toujours un malheureux, victime ou d'une hérédité malsaine ou d'un milieu corrompu et corrupteur.

N'y avait-il pas, jadis, dans les disputes entre théologiens, l'avocat du diable, qui soutenait la cause de l'hérétique ? Cela pourrait encore se faire avec plus de sincérité.

On est déjà entré dans cette voie qui mène à individualiser la peine, soit en instituant la loi de sursis, soit en créant les tribunaux d'enfants, où, pour le dire en passant, la femme devrait avoir sa place, et où la justice devrait se faire clémente pour être juste.

Soucieuse de tempérer d'humanité les sévérités nécessaires, consciente de n'être pas à l'abri de la désolante erreur judiciaire, la démocratie s'honorerait en supprimant de ses Codes la peine de mort qui est irréparable, en épargnant toute rigueur inutile à ceux qu'elle peut être obligée de punir, en transformant de plus en plus les prisons en hôpitaux pour malades dangereux, en laissant à tout individu tombé dans le vice ou le crime l'espoir et la possibilité de se relever un jour.

CHAPITRE XI

L'Education nationale

Suffrage universel implique instruction universelle et puis une démocratie, pour porter toutes ses fleurs et tous ses fruits, a besoin de créer dans ses rangs une aristocratie de mérite personnel, aristocratie viagère, qui travaille sans cesse à se détruire en s'efforçant d'élever à son niveau la masse populaire. Par une sélection intelligente, portant sur l'ensemble des générations montantes, elle doit se couronner d'une élite qui la guide vers un état social toujours meilleur. Donc il sied d'envisager une réforme de l'éducation nationale.

Elle comprend trois parties essentielles : 1° *l'organisation et le raccord des trois degrés de notre instruction publique ;* 2° *les matières et les méthodes d'enseignement ;* 3° *la condition des maîtres et des élèves.*

Organisation des trois degrés de l'Instruction publique

L'enseignement primaire doit devenir *réellemnet* obligatoire, c'est-à-dire que la loi qui existe sur le papier doit être appliquée avec rigueur ; que l'homme ou la femme qui ne sait ni lire ni écrire doit devenir introuvable en France. Puis, n'est-il point barbare de fermer à l'enfant du peuple, dès l'âge de douze ans, les sources du savoir? Le séjour à l'école, prolongé jusqu'à quatorze ans, c'est le vœu non seulement de tous ceux qui ont à cœur l'avenir intellectuel du pays, mais de tous les travailleurs désireux de voir les classes populaires jouer dans notre démocratie le rôle croissant qui leur est dévolu.

Il va de soi que les frais de cette période scolaire incombent à la collectivité tout entière et que des cantines, organisées par les municipalités, aideront à nourrir les enfants à qui l'éloignement ou la pauvreté ne permet pas de trouver chez leurs parents, au milieu de la journée, la solide alimentation dont leur âge ne peut se passer sans danger.

Une nouveauté qui s'impose en ce domaine, c'est ce qu'on a nommé l'*école unique*. Que de fois n'ai-je pas entendu de bons bourgeois reprochant aux socialistes de croire à la lutte de classes et leur disant avec assurance : « Il n'y a plus de classes chez nous depuis 1789 ». Et pourtant, dès leur début dans la vie, enfants pauvres et enfants riches sont séparés. N'a-t-on pas créé dans les collèges et lycées des *dixièmes et des onzièmes* pour épargner aux petits bourgeois le contact avec leurs frères inférieurs, qui ont le tort impardonnable d'être moins raffinés dans leur langage, leur toilette, leurs manières? Et qu'y a-t-il au fond de cette séparation dédaigneuse, si ce n'est l'esprit de classe ou de caste? Moyen sûr de faire deux peuples dans un peuple !

De même qu'en vue de la solidarité future des citoyens il est avantageux de réunir sur les mêmes bancs tous les enfants, de même il est utile d'ouvrir à tous l'entrée de l'enseignement secondaire. C'est dire qu'il doit être gratuit et accessible à tous ceux qui veulent et peuvent en profiter. Il importe au bien de l'Etat que la sélection des intelligences s'opère sur l'ensemble des jeunes générations et qu'on ne risque pas d'étouffer les talents en herbe, en leur refusant l'instruction réservée jusqu'ici à ceux qui sont à même de la payer.

Cet enseignement secondaire, qui fut, qui est encore une des citadelles de la classe bourgeoise, a besoin d'être renouvelé de fond en comble. Il doit, tout en donnant à tous une culture générale qui leur est nécessaire, se diviser en plusieurs branches qui comportent une culture spéciale.

Celle-ci peut être classique, offrir à ceux qui se destinent aux carrières dites libérales les connaissances qui constituent le fond de ce qu'on appelait, les humanités. Celle-là peut être scientifique et technique, agricole, commerciale, industrielle, former, là aussi, une élite vouée aux études pratiques. Mais il convient que le baccalauréat soit remplacé par un *examen de maturité*, d'où ne sera exclue aucune forme du savoir humain, où une équivalence absolue sera établie entre les diplômes constatant l'acquis de chaque élève.

Quant à l'enseignement supérieur, qui ne saurait, pour des raisons inutiles à déduire, devenir obligatoire, il doit devenir gratuit comme les deux autres degrés ; car nul ne doit être arrêté dans son développement intellectuel par un obstacle économique. Il doit accueillir ceux et celles qui auront témoigné leur volonté et prouvé leur capacité de pousser plus avant leur instruction.

Si l'on craint qu'il n'y ait un afflux trop grand de la jeunesse vers les hautes spéculations, on peut élever le niveau qui donnerait droit d'être admis aux études universitaires. Mais il serait sage de supprimer la limite d'âge, qui encourage le surmenage et qui ferme la porte à des esprits plus lents, quoique susceptibles de se développer plus tard.

Il serait sage également de prévoir, comme conclu-

sion de ces études, des doctorats de diverse nature.
On a déjà créé, ces années dernières, des doctorats
économiques. Mais pourquoi pas des doctorats techniques, comme il en a été institué dans les Universités allemandes?

Pour en finir avec cette réorganisation administrative, il est à souhaiter qu'un seul grand ministère de
l'Education nationale ait dans son ressort universités,
collèges, écoles de tout genre, qui sont, à l'heure
qu'il est, au risque de doubles emplois et de rivalités
fâcheuses, répartis entre des ministères différents
(guerre, marine, commerce, agriculture, colonies).

∴

Ce programme est déjà vaste, et pourtant il ne
concerne qu'une des faces de la question.

Maintenant il faut parler des *matières et méthodes
d'enseignement*.

Il s'agit de mener de front une triple éducation :
physique, intellectuelle et *morale*.

Faire d'abord, non des athlètes, mais des corps
à la fois élégants et robustes, condition d'esprits solides et de volontés énergiques ; équilibrer les muscles
et les nerfs, les membres et le cerveau ; employer
pour cela les jeux, la gymnastique, la danse et la
marche, qui est la reine des sports.

Faire ensuite des têtes plutôt pleines de vie et
d'ardeur que de savoir, aptes à raisonner, à penser,
à créer, qui se développent toutes suivant leur nature,
sans essayer de ressembler au maître ou de se ressembler entre elles, susceptibles par là même de
répondre à l'extrême variété des besoins que comporte la société.

Faire enfin et surtout d'honnêtes gens, qui n'aient
point seulement une probité inerte et en quelque

sorte négative, mais qui soient capablse de se dévouer à une noble cause, de venir en aide aux souffrants et aux opprimés, de pratiquer cette solidarité, cette coalition pour la vie qui est le complément et le correctif de la lutte pour la vie.

Voilà comme, au premier coup d'œil, apparaît l'idéal à viser. Mais c'est dans le domaine intellectuel que je crois le plus utile d'indiquer les voies et moyens qui permettent d'en approcher.

Au degré primaire, prédominance de la méthode intuitive : éducation des sens et par les sens ; leçons de choses qui parlent aux yeux. Je souhaiterais que chaque école eût sa lanterne magique, ou, comme on dit en style plus académique, son appareil de projections lumineuses, son cinéma en miniature. Lente ascension du connu à l'inconnu : ainsi, pour la géographie, étude détaillée sur un plan en relief du territoire de la commune, puis du canton, de l'arrondissement, du département, de la région, etc.

Connaissances pratiques, qui peuvent être agricoles, industrielles, commerciales, selon le milieu. En place des heures innombrables perdues aux chinoiseries d'une orthographe incohérente ou aux subtilités de l'analyse logique, beaucoup d'exercices pour apprendre à parler et à écrire la langue maternelle. Avec cela, un pré-apprentissage, consistant à se familiariser avec le maniement des outils les plus usuels qui servent aux industries du bois, du fer, de la terre. Et, dans l'école devenue aussi avenante et attrayante que possible, les rudiments de la musique et du dessin, que nos grands-pères classaient avec un dédain immérité parmi les arts d'agrément.

Au degré secondaire, où l'appel au raisonnement prend plus d'importance, concilier la culture générale, nécessaire à tous les élèves, avec un commencement de spécialisation. Comme enseignements communs, la langue française, les éléments des sciences, la géographie devenue elle-même plus scientifique et plus parlante à la vue, l'histoire démocratisée, j'entends remplaçant le récit des batailles et la vie des grands de la terre par le mouvement de la civilisation, par la genèse des grandes inventions, par l'évolution des mœurs et de la condition des travailleurs.

Après quoi, nombre de sections spéciales avec des combinaisons diverses. Section philologique, où les langues mortes auront leur place, mais qu'elles partageront sur pied d'égalité avec les langues vivantes ; où l'on ne prendra plus huit ou neuf ans aux enfants pour amener deux d'entre eux sur dix à savoir à peu près le grec et le latin ; où, profitant des expériences faites il y a trente ans à l'Ecole Monge, on osera rompre avec cette routine et diminuer de moitié le temps consacré à cette étude.

Sections techniques, où le travail en classe se doublera du travail en atelier, de visites dans les usines, les fermes, les mines, les ports de mer.

Au degré supérieur, se souvenir que l'enseignement doit être tantôt purement scientifique et désintéressé, tantôt utilitaire et professionnel ; qu'il doit ainsi embrasser la théorie et l'application. A l'étranger, Université signifie un établissement complet, en ce sens que les branches essentielles y sont représentées. Cela ne veut pas dire que partout l'on puisse enseigner tout : suivant les régions, telle ou telle branche doit prédominer. Mais, ici, un reclassement, et non la suppression des Facultés Universitaires, me semble à désirer. L'antique division du moyen âge : *théologie, droit, médecine, philosophie,* ne répond plus aux conceptions modernes. Chez nous, la théologie, qui peut être remplacée par l'histoire religieuse, a disparu ; la philosophie s'est fractionnée en lettres et sciences. Ailleurs, à Genève, à Zurich, une Faculté des Sciences Sociales s'est ajoutée aux autres.

Il y aurait avantage à modeler l'organisation universitaire sur un classement nouveau des connaissances humaines, qui comprendrait, en allant du plus simple au plus complexe : *Sciences mathématiques, Sciences physiques et chimiques, Sciences biologiques, Sciences sociales* (avec histoire, lettres, beaux-arts). A chacune des Facultés nouvelles se rattacheraient des écoles et des instituts pratiques largement outillés. Ainsi, l'Ecole de Médecine serait une annexe de la Faculté des sciences biologiques ; l'Ecole de droit serait un appendice naturel de la Faculté des sciences sociales ; un institut de papeterie ou d'électricité relèverait de la Faculté des sciences physiques et chimiques.

Je demande pardon à mes lecteurs du caractère aride d'un chapitre où je tâche de condenser beaucoup d'idées en peu de mots. Je renvoie ceux qui souhaiteraient plus de détails aux livres publiés récemment par M. l'ingénieur Hersent ou par des universitaires d'intelligence ouverte et hardie qui s'intitulent : *Les Compagnons.* Et je me permets aussi de leur signaler un volume : *Le socialisme à l'œuvre,* où, j'ai voici une quinzaine d'années, étudié ces questions avec une pléiade de jeunes professeurs. Les réformateurs d'aujourd'hui ne doivent pas faire oublier ceux qui furent leurs précurseurs.

*
* *

Pour achever ce que j'ai commencé : la revue rapide des profondes modifications qui sont à souhaiter dans notre enseignement, je ne puis laisser de côté celles qui peuvent améliorer *la condition des élèves et celle des maîtres.*

Pourquoi n'y a-t-il pas dans toute commune qui s'éparpille sur un vaste territoire une voiture allant prendre le matin et ramenant le soir à domicile les enfants des hameaux lointains? J'ai vu pratiquer la chose à Jouarre, en Seine-et-Marne. Elle est peu coûteuse, et, si l'école primaire était dotée en sus d'une salle où ces enfants pourraient manger chaud entre deux classes, il me semble que leur santé et la fréquentation de l'école en bénéficieraient largement.

Mais je veux insister sur la grande plaie de notre enseignement secondaire, l'internat. C'est un déplorable legs du moyen âge et de nos régimes royalistes et impérialistes. Nos lycées, nos collèges, moitié couvents, moitié casernes, sont de vraies Bastilles scolaires où l'on enferme notre jeunesse à l'âge où elle a le plus besoin de soins, d'air, de mouvement. De l'aveu général, cet emprisonnement est un moyen sûr pour affaiblir l'esprit de famille, pour faire des résignés ou des révoltés, pour soustraire les intelligences aux leçons de la vie qui est la plus efficace des éducatrices, pour entraver le développement harmonieux du corps, pour enseigner le vice par la promiscuité dangereuse des petits et des grands.

Je me rappelle le temps où, grand gaillard de dix-huit ans, ayant déjà une ombre de moustache, je ne pouvais, malgré l'autorisation de mon père, sortir du lycée parisien, où j'étais parqué avec quelques centaines d'autres pensionnaires, que sous la conduite d'une petite bonne de quinze ans qui devait venir chaque dimanche me chercher comme un bambin et me servir de chaperon. Et dire que ce casernement durait, à peine atténué, dans les grandes Ecoles de l'Etat !

On me crie : Mais comment remplacer ce que Montaigne appelait déjà « ces geôles de jeunesse captive » ? — Belle difficulté ! En Suisse, en Amérique, l'enfant qui fait ses études n'est point pour cela séquestré. Il change de foyer, voilà tout. Il habite en ville chez un professeur, chez des parents ou des amis de sa famille, et tout le monde y trouve son compte : lui, d'abord, son père et sa mère qui sont plus rassurés, ses hôtes qui se font ainsi un supplément de revenu. C'est même une façon d'établir entre la ville et la campagne une étroite et heureuse solidarité. Je connais des pays où l'Etat paye aux particuliers la pension des élèves qui suivent les cours de ses écoles normales et qu'il ne se croit pas obligé de retrancher du monde pendant plusieurs années.

N'est-ce pas aussi une survivance des mœurs monacales que cette séparation des garçons et des filles qui tend à créer entre les deux sexes une sorte de divorce moral? La co-éducation, qui fut de tout temps pratiquée dans les familles et dans les petits villages, qui a aujourd'hui cause gagnée dans les Universités, en est encore en Frnce à forcer l'entrée de la citadelle fermée qu'est l'enseignement secondaire (1). Les gens effarouchés vous disent : — Cela peut être bon pour des peuples du Nord, chez qui le sang est plus froid et l'éveil des sens plus tardif. — Mais que répondront-ils à ce fait qu'en pleine Italie, à Florence, elle existe et fonctionne sans encombre depuis **plus de vingt ans, comme ils peuvent** aisément le **vérifier.**

Les mêmes personnes qui sont si soucieuses, au nom de la moralité, de séparer garçons et filles sur les bancs des écoles, feraient bien de songer qu'il y a beaucoup plus de danger à les abandonner à eux-mêmes, dès que la séquestration du lycée fait brusquement place à la liberté absolue de l'Université. C'est alors qu'il serait utile de fonder des maisons d'étudiants et des maisons d'étudiantes, où les uns et les autres auraient leur chambre et des salles de

---

(1) M. Herriot vient d'ouvrir une brèche dans cette forteresse.

réunion, de manière à concilier la vie individuelle et la vie collective.

Tout cela concerne ce qu'on peut appeler *les droits des élèves*. Mais il sied de penser également *aux droits des maîtres*. Ce qu'il faut leur assurer, c'est, d'une part, l'indépendance, d'autre part, une situation matérielle digne de la haute fonction qu'ils remplissent.

Il est étrange que la République ait continué à faire nommer par les préfets instituteurs et institutrices ; que des dossiers quasi secrets aient décidé et décident encore de l'avancement ; que des programmes officiels aient prescrit, par exemple aux professeurs de philosophie, la réfutation de telle ou telle doctrine, comme si l'Etat pouvait avoir une compétence sérieuse en pareilles matières. Dans l'enseignement supérieur, où la liberté est pourtant plus grande, il est loisible de rêver un système qui permettrait à toutes les opinions d'être représentées, aux étudiants d'entendre toutes les cloches et de se faire en connaissance de cause leur conviction. J'ai montré ailleurs (*Le régime socialiste*, p. 95) comment ce rêve serait réalisable ; je n'y reviens pas.

Mais plus facile à réaliser et plus urgente est l'amélioration des traitements. Il est gênant, quand on y est soi-même intéressé, de toucher à cette question de gros sous. Je dirai seulement que la disette de candidats pour une carrière qu'on rénumère surtout en considération et en vacances, la désertion des Ecoles, Collèges et Facultés au profit du commerce et de l'industrie parlent assez haut pour que les plus sourds entendent et comprennent.

Et si des réclamations isolées et des pétitions discrètes n'aboutissaient pas, le corps enseignant tout entier, uni en une fédération nationale qui peut se diviser en sections suivant la région, le degré ou la nature de l'enseignement, mais qui a des vœux communs à défendre et à faire valoir, saurait bien se

lier aux organisations patronales et ouvrières en vue
d'obtenir dans la société la place qu'il mérite et de
donner à la démocratie française la puissante et large
éducation dont elle a besoin pour son honneur et sa
prospérité.

**

Je termine ici la série de ces études sur l'organisation de la démocratie. Sans parler des grands pro-
blèmes économiques, qui exigeraient des volumes,
il y aurait bien d'autres choses à dire sur le rôle
que peuvent jouer dans la vie d'un peuple la presse,
les partis et les ligues, etc. Mais, outre que j'ai traité
ces sujets ailleurs et dans d'autres articles assez
récents (1), je n'ai pas voulu sortir du domaine politique et je me suis cantonné à dessein dans l'exposé
de ce qu'on peut mettre dans une Constitution.

Si les idées émises par moi, idées que j'ai rassem-
blées en faisceau sans avoir la prétention d'en être
l'inventeur, peuvent fournir quelques directives utiles
à ceux qui veulent sincèrement fonder en France la
république démocratique, je n'aurai pas perdu mon
temps ni ma peine.

---

(1) Voir par exemple : la *Dépêche de Toulouse*, **27** mars
1919 : *Pour la rééducation morale* ; 15 avril 1919 : *Ligues et
Part s. etc*

ACHEVÉ D'IMPRIMER
LE 19 JANVIER 1928
SUR LES PRESSES DE
L'IMP. RAMLOT ET Cie
52, AVENUE DU MAINE,
POUR LE COMPTE DES
ÉDITIONS RADOT.

———— PARIS ————
ÉDITIONS RADOT
5, RUE EUGÈNE-MANUEL, 16e

CATALOGUE SUR DEMANDE

426.0074

www.ingramcontent.com/pod-product-compliance
Lightning Source LLC
LaVergne TN
LVHW050635060726
842527LV00004B/1309